Delf Krohm: F r e e   d a y s   f o r   F u t u r e   -   eine Ich-Revolution

Free Days For Future

eine I c h - Revolution

© 2020 Delf Krohm

Herstellung: BoD – Books on Demand, Nordersted
ISBN: 978-3-7504-2935-2

- E I N K E H R E N-

Einstimmung: „Keine Zeit!".................................. 7

1. Session: Bewusst atmen – zur Mitte kommen – Innewerden 12

2. Session: Präsent im Körper mit allen Sinnen.................. 19

3. Session: Geistesgegenwärtig im Hier und Jetzt............... 28

4. Session: Liebe!...…........ 37

5. Session: Selbsterkenntnis...........................…..…….....… 52

Anleitung zum Üben..........................….........…….. 63

- U M K E H R E N -

Einstimmung: Unvergessliche 20 Minuten Busfahrt…..... 70

6. Session: Wo um Himmels willen ist die Notbremse?…......... 72

- A U F B R E C H E N -

7. Session: Auswandern in die Zukunft...............…...…..... 92

8. Session: Wie der Menschenmensch...............….....…... 104

9. Session: „...und der Geist wirkt doch!"…................... 133

Bilderverzeichnis..........................…................….. 155

Diese vier als Emoticons[1] dargestellten Personen nehmen an den neun Sessions eines Kurses teil, der so oder so ähnlich stattfinden kann:

(:-o) Bervant, der Initiator des Projekts

(:-/) Nögg, der Skeptiker ,

~:-o) Eva (das ~ ist ihre Stirnlocke),

(8-0> Onkel Mo (die 8 ist seine Brille, und das > ist sein Bart)

---und

+*+*+ Eine Stimme aus dem Off, die aus den geistigen Schätzen zitiert.

---

1   Emoticons: Drehe sie um 90 Grad. Beispiel Lächeln   *:)*

- E I N K E H R E N -

Einstimmung: „Keine Zeit!"

(:-o) Gestresst und abgehetzt kam der Mann vom Service bei mir an. Ich half meiner alten Mutter beim Auszug aus dem Plattenbau, einem Hochhaus am Stadtrand von Berlin. Als er die drei Koffer sah, die er im Auftrag des Lieferservice der Deutschen Bahn abholen sollte, fing er an, vor sich hin zu schimpfen: „Der Parkplatz ist so weit weg und es sind drei Koffer, die kriege ich gar nicht auf einmal weg, wie soll ich da heute mein Pensum schaffen?!"
Ich spürte den Druck auf diesem Fahrer: „Okay, ich komme mit und nehme einen Koffer". Kaum mit dem Fahrstuhl unten angekommen, rollte dieser drahtige Mann die zwei großen Koffer eilig zu seinem Fahrzeug, mit vorgeschobenem Kinn und kräftigen Schritten. Erst, als der Fahrer seine zwei schon verstaut hatte, kam ich mit dem dritten Koffer beim Lieferwagen an.
„Danke", sagte er kurz und schnell atmend, mit gehetztem Blick. Da schlug ich ihm vor: „Atmen Sie zwei, drei mal tief durch und kommen Sie zu sich selbst. Machen Sie das ab und zu, dann geht es Ihnen besser.
„Keine Zeit!", versetzte der andere, hastete um das Auto herum und schlug die Tür hinter sich zu.

(:-/) Das war wohl nett von dir, aber den schlauen Spruch hättest du dir auch sparen können. Wir wissen doch, unter welchem Druck die Fahrer solcher Firmen stehen und wie schlecht sie bezahlt werden.

~:-o) Immerhin hat der gestresste Mann an dem Tag einen freundlichen Mitmenschen erlebt. Vielleicht fällt es ihm bei Gelegenheit wieder ein, dass er mit ein paar mal tief durchatmen zu seiner Mitte finden kann. Ich bin sicher, dass er die Zeit, die er dazu braucht, wieder einholt.
Er hat dann mehr innere Ruhe, kann sich besser konzentrieren und fühlt sich nicht so abgehetzt. So schlage ich allen, die sich von irgend etwas angestrengt fühlen, folgende kleine Übung vor:

a m i - Der kleine Freund

a - wie Atem: Atme tief durch, wann immer es dir im Alltag einfällt, ob du gerade körperlichen oder seelischen Stress hast oder nicht. Nimm dazu eine lockere, aber gerade Haltung ein, sitzend oder stehend. Atme zuerst aus, ganz tief bis nach unten. Dann atme tief ein und fülle und weite deinen Brustkorb mit der Atemluft. Atme tief aus. Dann lasse deinen Atem zwei Atemzüge lang frei fließen.

m - wie Mitte: Gehe mit ruhiger Aufmerksamkeit zu inneren Mitte im Körper, dorthin, wo du dich spürst, wenn du ganz bei dir bist. Das ist individuell verschieden. Manche erleben sich so in der Herzgegend, manche beim Bauchnabel und manche kurz über dem Schambein, dem „Hara" der chinesischen Tradition. Stelle das für dich fest. Atme zwei tiefe Atemzüge lang dorthin und bleibe dort gesammelt.

i - wie Innehalten: Nimm zwei Atemzüge lang Abstand von dem, was du gerade tust, von den Menschen oder den Sachen, die dich gerade beschäftigen. Bleibe bei dir selber, in deiner Mitte. Sei dir selbst ein ami, dein Freund.

Diese Übung dauert weniger als eine Minute.

„Keine Zeit?"

(:-/) Soll der Liefer-Fahrer diese Übung machen, damit er noch besser funktioniert?! Dass er sich über seine Ausbeutung auch noch beruhigt?! Wichtiger, er und seine Kollegen würden bei den Firmen eine längere Zeit-Taktung bei besserer Bezahlung durchsetzen!

(:-o) Vielleicht braucht er ja gerade jetzt diesen Arbeitsplatz und kommt fürs erste noch über die Runden? Und vielleicht merkt er ja beim Innehalten, dass er so nicht mehr lange weiter machen will? Das wäre der Anfang von etwas Neuem.

(:-/) Du machst mich neugierig. Mir und vielen anderen in unserer Industriegesellschaft geht es ähnlich wie diesem Liefer-Fahrer in deinem Beispiel. Was könnte das denn sein, dieses Neue?

(:-o) Um das zu erfahren, lade ich dich zu einem Ortswechsel ein.

„Mal was anderes!"[2]

(:-o) Mein Freund Mo lebt am Rande unserer Zivilisation allein in einem alten Naturstein-Häuschen im toskanischen Bergland. Meistens findest du ihn im Freien; entweder sitzt er auf seiner Terrasse und meditiert und liest oder er arbeitet im Garten. Oft hat er etwas zu reparieren, denn Wasser bekommt er aus Zisternen und – o Wunder – Strom für Licht und Kühlschrank von einer Solaranlage. Für ihn komme ich aus der „Zuvielisation"[3], weil wir schon zu viel haben und noch mehr wollen.

Um Häuschen und Terrasse herum fängt schon der Wald der immergrünen Eichen an. Er liebt alles, was blüht, Blumen, Obstbäume, Mimosen – und besonders schön: Mandelbäumchen. Von dem Platz hat er er eine herrlich weite Aussicht zum Meer, auf die Ketten der Berge und auf das Dorf Rocca, das auf einem Felsen liegt. Zum Garten, den er seinem Acker abgerungen hat, muss er ein gutes Stück hinunter laufen. Es gibt weder Internet noch Fernsehen, Handyempfang nur, wenn du die richtige Stelle findest.

Geld hat er fast keines, ist aber meistens mit seinem Leben zufrieden.

Der ganze Platz strahlt Ruhe und Frieden aus.

Insekten summen, Vögel zwitschern, Schmetterlinge flattern, der Wald rauscht leise, und es riecht nach Blütenduft und Kräutern.

Onkel Mo ist ein Seelen-Heilkundiger, ein weiser Mann mit viel Herz und Einfühlungsvermögen. Seine Psychologische Praxis hat er aufgegeben. Wer sich die Mühe macht, zu ihm hin zu reisen und sich ein Quartier im Dorf zu suchen, kann bei ihm bei inneren Nöten Hilfe finden. Aber das tun Wenige.

Stell dir nun vor, wir würden mit ihm und untereinander Gespräche führen und würden damit anfangen, vom Stress und seinen Gründen zu sprechen.

---

2   Mal was anderes – So lautet eine Kurzgeschichte von Kurt Kusenberg

3   Der Ausdruck „Zuvielisation" stammt aus dem Buch von Moses G. Steinvorth: „Otto und ich"

Allmählich würden wir herausfinden, woran unsere „Zuvielisation" krankt und wie wir uns eine geheilte, das Leben fördernde Zivilisation vorstellen.

Keiner von uns kann die ganze Welt verbessern.

Jede und jeder von uns kann anfangen, sich selbst zu ändern.

(:-/) Du meinst, ich könnte mit dir nach Rocca zum Onkel Mo und mit einer anderen Einstellung zum Leben zurückkommen?

(:-o) Es scheint hoch gegriffen zu sein, aber für viele von uns ist die Zeit dafür reif.

(:-/) Wenn ich aber nicht so lange fort reisen kann und nicht so weit, was könnte ich statt dessen machen?

(:-o) Es kommt nur darauf an, dass du freie Zeit und einen Ort findest, von wo du dich und deine Lebensweise mit Abstand betrachten kannst. Nimm dir genug Zeit, um zu erkennen, was dir für deinen Inneren Menschen hilfreich erscheint und was nicht.

(:-/) Okay, und wie wollt ihr euer Vorhaben anfangen?

(:-o) Wir wollen die geistig-seelischen Fähigkeiten und die Kraftquellen in uns selbst aufsuchen und diejenigen üben, die sich für einen Bewusstseins-Wandel eignen. Dieser muss kommen, weil höher entwickeltes Leben auf unserem Planeten in höchster Gefahr ist. Diese Gefahr geht eindeutig von uns Menschen aus. Generationen vor uns haben unsere Zivilisation gestaltet. Jede Generation kann sie umgestalten. Wir sind geistig-seelische menschliche Wesen. Als solche sind wir befähigt, die gesellschaftlichen und wirtschaftlichen Systeme zu durchschauen. Jedes Individuum kann sich selbst und das eigene Wirken darin erkennen. Jede und jeder von uns kann dann über die eigene Lebensweise selbst entscheiden, ob sie unsere eigene Zukunft und der Generationen nach uns besser macht.

Wir sind frei, uns zu ändern, vor allem und zuerst von innen her.
Eine solche „Ich-Revolution" beginnt zwar in jedem aus festem und ernsten Entschluss. Menschen können sich aber gegenseitig dabei fördern.
Wenn du mitmachst, treffen wir uns zu viert bei Mo in der Toskana.

(:-/) Okay, ich komme.

In Onkel Mo's Garten

1. Session: Bewusst atmen – zur Mitte kommen – Innewerden

Wir sind also bei Onkel Mo angekommen und sitzen auf der Terrasse. Rundherum ist üppiges Leben. Das Mandelbäumchen blüht. Die Blüten leuchten klar im schönen Zartrosa, eindringlich transparent im Gegenlicht. Die Frühlingsluft ist kühl und frisch. Der Waldboden riecht herb, eine Spur von Süße der Blumen mischt sich duftend dazu.
Ideal, um das Wunder des Atmens zu erleben.

Vom ersten Atemzug an

(:-o) Dein Atem ist dein direktester Zugang zu dir selbst. Der Rhythmus des Aus- und Einatmens geschieht von selbst, die Luft ist gratis. Der Atem ist ein wunderbares Geschenk des Lebens an dich, an uns und an alles was lebt. Die Luft, die du atmest, gibt dir unmittelbar Lebenskraft. Ruhig und tief atmen gibt viel davon, hektisch und flach gibt wenig, so einfach ist das. Dazu bietet der Lebensvorgang deines Atmens dir eine Besonderheit: Er ist eine Brücke zwischen deinen willens-gesteuerten und unwillkürlichen Lebensäußerungen. Du kannst deinen Atem bewusst beeinflussen. Schon allein dadurch, dass du in Ruhe und bewusst auf ihn achtest, veränderst du ihn! Ohne deine Einflussnahme atmet „es" dich von selbst, so wie dein Herz schlägt und die Verdauung arbeitet. Doch wenn du deinen Atem beeinflusst, kannst du gleichzeitig wahrnehmen, was sich dadurch in dir ändert, geistig, körperlich und seelisch.

Du spürst, dass du durch bewusstes Atmen Wirkungen erreichen kannst. Eine kurze Pause, ein paar Male tief durchatmen, und Kräfte kommen wieder. Jemand oder etwas fordert dich stark, stört dich oder ärgert dich, doch du nimmst zwei, drei tiefe Atemzüge lang Abstand und gewinnst die Geistesgegenwart, zu entscheiden was du sagst oder tust oder besser bleiben lässt. Du verschaffst dir L U F T ! Du stellst dich in einen weiten Raum. Du erzeugst in dir einen Moment der inneren Souveränität. Der ermöglicht dir, dich anders zu verhalten, als es sonst reflexartig aus dir herausgekommen wäre. In einer Alltagssituation konnte ich diese „Luftveränderung" beobachten:

Dicke Luft an Tisch 9

Beim Frühstück im Hotel saßen wir Übernachtungsgäste zufällig zusammengewürfelt an unseren Tischen. Ein aufgeregter Herr rief das Mädchen herbei, das ihn bediente und schimpfte: „Das Ei ist zu hart, ich habe ein weich gekochtes Ei bestellt!" Nach wenigen Minuten brachte die Bedienung ein neues gekochtes Ei. Der Mann öffnete es, bekam einen ganz roten Kopf und wurde laut: „Das ist ja noch fast flüssig, eine Unverschämtheit, mir so ein Ei zu bringen!"
Inzwischen war unsere ganze Frühstücks- Gesellschaft aufmerksam geworden. Eine gespannte Atmosphäre baute sich auf. Das Mädchen wusste sich nicht anders zu helfen, als den Empfangs-Chef zu holen. Der trat an den Tisch, hörte sich die Beschwerde geduldig an und sagte lächelnd: „Wir kochen für Sie s o l a n g e Eier, bis sie für Sie richtig sind."
Der verärgerte Gast beruhigte sich und murmelte, nun etwas verlegen: „Schon gut". Die freundliche Geistesgegenwart des Rezeptionisten machte aus der „dicken Luft" wieder eine lockere Stimmung.

(:-/) Dieser Mann ist ein echter Profi. Er wurde bestimmt lange geschult, um so eingreifen zu können.

(:-o) Sehr wahrscheinlich ist es so. Und doch können auch wir daraus lernen, eine Situation zu entspannen: Dem Verärgerten **zuhören**, ihn bedingungslos mit seinem Gefühl **annehmen**, ohne uns selbst davon anstecken zu lassen. Dann stellen wir eine **Lösung seines Problems in Aussicht**. So können wir viele Alltags-situationen entspannen.

Du atmest so, wie du dich fühlst

Das Telefon läutet. Eine Ärztin aus einem Krankenhaus meldet sich: "Ihre Frau ist bei uns. Sie hat einen Verkehrsunfall erlitten." Du bekommst einen Schreck. Dir stockt der Atem! - „Sie hat sich den Arm gebrochen" - Das Atmen wird ruhiger…

- Du bist traurig, musst weinen. Dein Atem wird zu einem Schluchzen, das die Luft in deiner Brust zusammenpresst. Der Atem geht stoßweise. Vielleicht ist jemand bei dir und reicht dir ein Taschentuch, schaut dich teilnahmsvoll an. Du seufzt nochmal tief auf und atmest dann tiefer. Dir ist wieder leichter. -

- Als du morgens an deinen Arbeitsplatz kommst, hörst du von Kollegen, dass sie von der Firma die Kündigung erhalten haben. Dir wird angst und bange, dass es dich als nächsten treffen könnte. Du atmest schneller und flacher, nur bis in den Brustkorb hinein, nicht bis hin zum Zwerchfell. Brustkorb und Kehle fühlen sich eng an.

- Jemand greift dich auf eine Art an, die du unangemessen oder gar ungerecht empfindest. Das macht dich wütend. Du schnappst nach Luft; sie füllt deinen Bauch und steigt schnell in den Brustkorb. Du fühlst dich getroffen in deinem Selbstwert-Gefühl. Der Atem-Drang in deiner Brust erzeugt eine Spannung, eine heftige Ladung Energie. Die drängt zur Kehle, zum Hals, um sich zu entladen.

Ist es so weit gekommen, entscheidest du, ob du kurz innehalten und tief durchatmen kannst. Du vergegenwärtigst dir dein Wutgefühl und erkennst es als berechtigt an. Nichts zwingt dich, dein Gefühl zu unterdrücken. Du musst auch nicht reflexhaft zurück wüten. Du gewinnst eine L ü c k e , um geistesgegenwärtig und klar auf den Anwurf deines Gegenübers eingehen zu können.

Und jetzt anders herum: Du fühlst dich so, wie du atmest

(:-/) Schön wäre es ja, wenn es so einfach umgekehrt zu machen wäre. Meinst du wirklich, ich könnte durch Atemübungen solche tief sitzenden Gefühle wie Angst, Traurigkeit und Wut ändern?

(:-o) Zuerst einmal ist es wichtig, deine Gefühle wahr zu nehmen und zu bejahen, wie sie sind.

Sie sind wichtige Mitteilungen an dich, an deine Seele. Wie dein körperlicher Schmerz das Signal gibt: Finger weg von der heißen Herdplatte, so hilfreich sind auch deine Gefühle. Angst als Warnung vor wirklicher Gefahr, Trauer nach einem schweren Verlust, Wut nach einer starken Kränkung brauchen deine Aufmerksamkeit, entweder für spontanes Handeln oder für geduldigen Einsatz, um daran zu arbeiten.

Bewusstes Atmen ist ein wichtiges Eingangstor zur Bewusstheit für deine Gefühle. Schwierige Gefühle, denen du ausgeliefert bist, treiben dich zu reflexhaften Reaktionen, die du nicht wirklich willst. Durch bewusstes Atmen, zur Mitte finden und Innewerden **öffnest du eine Lücke. Das gibt dir freien Raum**, um dein Gefühl wahr zu nehmen und anzunehmen. Damit nimmst du dich selbst an. Dann kannst du freier entscheiden, wie du eine schwierige Situation klären kannst.

(:-/) Woran kann ich denn erkennen, ob mir das gelungen ist?

(:-o) Daran, dass dein Eingreifen in einer kritischen Lage eine Wendung zum Besseren ermöglicht.
Wenn du es für dich sinnvoll findest, häufiger dafür präsent zu sein, kannst du es durch regelmäßiges Meditieren deutlich fördern.

Doch zunächst ein paar Anmerkungen zu den Übungen
für dich als Leserin oder Leser dieses Buches. Sie sind dazu gedacht, für eine gute Geistesgegenwart Freiheit zu schaffen. Zu jeder Übung gibt es eine kurze Einleitung, die erklärt, wozu sie dir dienen kann. Wenn du sie ausführen möchtest, findest du die Anleitung nach der fünften Session.
Zum Einstieg schlage ich die Übung „AMI – der große Freund"
vor.
Am Anfang bleibst du eine Weile bei deinem **Atem.**
Dann senkst du das Zentrum deiner Aufmerksamkeit hinunter zu deiner inneren **Mitte.**

Zum **Innewerden** kehrst du in Stille ganz bei dir selbst ein.

Zum Wachstum deines Inneren Menschen ist regelmäßiges Meditieren förderlich.

Du bestimmst selbst, wie lange die Übung dauert, jedoch wirst du wohl eine Viertelstunde brauchen. Wie viel Zeit verwendest du für Körperpflege und Kosmetik? Hiermit übst du täglich eine i n n e r e Schönheit, die ausstrahlt.

Geist, Luft und Atem

(:-o) Wir haben heute vom Atem als Zugang gesprochen, der dein Bewusstsein verändert. Bewusst durchzuatmen ermöglicht dir, inmitten der Alltagstrance innezuhalten.

Mit Alltagstrance ist ein Geisteszustand gemeint, in dem deine Aufmerksamkeit fast völlig auf äußere Notwendigkeiten gerichtet ist, die dich in Anspruch nehmen und häufig Stress verursachen. Durch Atmen und Innehalten verschaffst du dir LUFT – im Sinne von Freiheit – und stoppst dieses Hamsterrad. Du wirst wach für etwas Neues. Doch nicht alles, was neu ist, fördert dein Leben wirklich. Prüfe dich:

Ist es ein guter Geist, der dich bewegt?

Im Alt-Griechischen steht dasselbe Wort „pneuma" für Luft und für Geist. Ähnlich das wunderbar lautmalerische, hebräische Wort „ruach": Es bedeutet gleichzeitig Geist und Wind.

Der Geist hat im Vergleich zu äußeren Gegenständen und Fakten gar nichts Materielles an sich. Er ist zunächst einmal:

– – N I C H T S – –

Mit dem inneren Auge kannst du es dir als materielosen, freien Raum vorstellen, mit großer Weite und viel geistigem Licht, in dem Sinne, dass dir „ein Licht aufgeht".

Der Atem des Geistes bewegt sich in offener Weite. Er bekommt Luft nicht im physischen Sinne, sondern als einen belebenden Hauch geistiger Frische. Dann weht ein neuer Wind. Auch das ist geistig zu verstehen; dann bedeutet es eine Änderung der Richtung, in die der Geist dich bewegt und du dich mit ihm. Im inneren Ohr erlebst du diese Weite als Stille. Du nimmst die Stille wahr, die hinter allen Geräuschen ist und dann die Stille hinter der Stille. Im „Stillen Hauch" und im „Inneren Licht" ist der Geist, den wir in der Geistesgegenwart aufsuchen.

(:-/) Woran kann denn ein Mensch erkennen, ob Geistesgegenwart ihn in eine gute Richtung führt; ob es ein guter Geist ist, der ihn leitet? Kann nicht auch ein Banker geistesgegenwärtig sein, der bei seinem Kunden durchschaut, wie er ihm Geld durch ein riskantes Finanzprodukt abziehen kann? Und kann er das nicht trotzdem gut finden, weil er damit seiner Bank und ihren Aktionären dient?

(:-o) Du stellst tatsächlich die Kernfrage, um die es hier geht: Wie können wir einen guten Geist von einem vergifteten Ungeist unterscheiden? Um sie zu beantworten, versuche als erstes das innere **MOTIV** zu ergründen. Geld zu verdienen durch Tricks, die jemandem schaden, ist kein gutes Motiv. Dem Arbeitgeber zu dienen ist nur eine Rechtfertigung eines schlechten Motivs. Als zweites bedenke die **WIRKUNG**, die dieses angeblich „geistesgegenwärtige" Handeln auf Dauer hat. Wohin führt es? Es zerstört Vertrauen. Und Vertrauen ist eine der grundlegenden Voraussetzungen für das Menschsein und die menschliche Gesellschaft.

+*+*+ **„Was ihr wollt, dass euch die Leute tun sollen, das tut ihr ihnen".** Damit ist alles geregelt, sagt Jesus von Nazareth.
Nach dieser Session stoßen wir mit einem Glas von Onkel Mo's Rotwein an – auf uns und auf ein gutes Leben für alle.

Zur Weiterarbeit:

- Joachim Ernst Berendt: „Kraft aus der Stille – Vom Wachsen des Bewusstseins".

- Chögyam Trungpa: „Das Buch vom meditativen Leben".

Tuschezeichnung, Symbol ohne Titel

- E I N K E H R E N -

2. Session: Präsent im Körper mit allen Sinnen

Onkel Mo's Natursteinhäuschen war früher eine „Fornace", ein Kalk-Brennofen mit einem Vorraum, in dem er jetzt wohnt. Die ganze Breite der Rückwand ist bereits der ehemalige Schornstein, der ist hoch und rechteckig. Wir sind einen steilen Weg den Hang hinauf geklettert und stehen jetzt zusammen oben auf dem zugemauerten Schornstein, aus dem Onkel Mo eine zweite Terrasse gemacht hat. Von dort sehen wir auf das Feld herab, das zu seinem Stück Land gehört und auf weitere Felder, die bis zum Dorfrand reichen. Wir haben einen wunderschönen Ausblick zum Dorf auf dem Felsen und in die Weite der toskanischen Landschaft. Onkel Mo erzählt uns eine Begebenheit aus Rocca.

(8-0> *„Die Erde ist unten..."*

Hier im Dorf sprach ich mit Roberto, dem einzigen Bauern, der noch seinen ganzen Lebensunterhalt mit Landwirtschaft erwirbt. Er erzählte mir davon, wie er dabei war, als junge Leute bei seinem Enkel zu Besuch waren. Sie sprachen miteinander darüber, warum die Landwirtschaft in den toskanischen Dörfern so zurückgeht und führten verschiedene Gründe an. Da sagte sein Großvater, der Nonno zu ihnen: „Jungs, das ist ganz einfach: die Erde ist unten ..."

~:-o) Meinte er damit, dass die Erde die Basis von allem ist, weil wir uns von ihr ernähren?

(8-0> Das stimmt natürlich, das dachte ich auch. Doch er meinte damit: Man muss sich häufig bücken. Und das will heute keiner mehr. Die Arbeit auf dem Lande ist hart.

Wir setzen uns um einen Tisch, der dort oben auf der Schornstein-Terrasse steht.

(:-o) Im Körper hat unsere Lebendigkeit ihr Zuhause. Er ist unsere Last und unsere Lust. Wir brauchen für ihn Essen und Trinken, Kleidung und eine Wohnung. Auch für einen einfachen Lebensunterhalt müssen wir etwas leisten. Das konfrontiert uns jeden Tag mit der Härte des Lebens. Dafür ist fast jeder erwachsene und gesunde Mensch begabt, seinen Bedarf zu erarbeiten. Wer Glück hat, macht es gerne. Das ist die eine Seite. Andererseits lässt uns unser Körper Lebenslust und Sinnenfreude erleben.

(:-/) Ja, und manchmal macht er schlapp oder irgendetwas tut weh.

(:-o) Das auch … in der jüdischen Tradition wird er mit einem Esel verglichen. Er ist geduldig und genügsam, kann schwere Lasten lange tragen.
Wenn es ihm aber zu viel wird, bleibt er störrisch stehen. Dann wundert sich sein Besitzer: „Bisher ist er doch immer gelaufen?!" Ihn dann mit einem Stock zu schlagen, ist keine Lösung … Was wir uns immer noch zu wenig bewusst machen, ist der Zusammenhang, dass der Körper auch seelische Enttäuschungen und Kränkungen in sich aufnimmt und speichert. Die gehören dann auch zu den Lasten, die der Esel Körper tragen muss.

~:-o) Zum Ausgleich können wir uns erholen, und es gibt die großen und kleinen Freuden.

(8-0> Wenn wir herzhaft lachen, lacht sogar der kleine Zeh mit … Ja wirklich!

(:-o) In jedem Fall ist unser Körper im Hier und Jetzt vollständig anwesend, selbst wenn wir schlafen. Im Wachzustand kann unser

Denken und können Tagträume uns abschweifen lassen. Sobald du das merkst, kannst du mit deinem Ich-Bewusstsein zum Körper und dadurch zur wachen Bewusstheit zurückkehren. Am besten geht es, mit dem Atem anzufangen.

„Im Körper zuhause"

(8-0> Im Körper nimmst du dich selbst wahr, wirklich w a h r , denn der Körper kann nicht lügen. Er hat seine eigene Sprache. Von Pantomimen kannst du sie lernen, z. B. von Sammy Molcho in seinem Buch „Körpersprache". Wenn der Körper etwas anderes sagt, als der Mund gesprochen hat, kannst du ganz sicher den Gesten und der Mimik mehr vertrauen.

Jede Körperregion hat ihre eigene innere Bedeutung und ist mit tiefem Sinn erfüllt. Wir behandeln unsere Körper oftmals wie zweckdienliche Werkzeuge. Zwar hilft dir dein Leib, um durchzuführen, was du tun willst oder musst. Er ist aber viel mehr; er ist beseelt und voller Geist und Sinn. Dazu ist unser ganzer Körper vom Kopf bis zu den Füßen auf Gemeinschaft und Beziehung angelegt und ausgerichtet.

Beginnen wir mit den Füßen, den Beinen und den Hüften. Mit ihnen sind wir mit der Erde verbunden, stehen auf dem Boden der Tatsachen, stehen wir für das ein, was uns wichtig ist; wir halten Stand. Wir schreiten im aufrechten Gang, bewegen uns fort, laufen von etwas weg oder zu jemanden hin.

Im Bauch verarbeiten wir, was wir aufgenommen haben. Was wir gut brauchen können, gibt uns Energie und baut uns auf, was nicht, scheiden wir aus. Schlimmstenfalls schädigt uns, was giftig ist. Das gilt auch für seelische und geistige Nahrung. Bekömmliches gibt uns ein gutes Bauchgefühl; was schwierig ist oder uns gar „harte Brocken" zumutet, verursacht „Bauchgrimmen". Durch Lügen, Erniedrigungen und Macht-Missbrauch kriegen wir „Wut im Bauch". Bauchgefühle sind oft schwer zu beschreiben. Wir sollten sie aber ernst nehmen und uns darüber klar werden, was sie uns sagen wollen.

Im Brustraum beim Herzen ist die ganze Tiefe unserer Gefühle und der Herzensweisheit. Vom Herzen her können wir uns darüber klar werden, welche Gefühle uns bewegen und was sie von uns brauchen.

Mit dem Herzen sind wir mit unseren Nächsten verbunden. Wir lieben von Herzen, freuen uns herzlich. Aber auch unsere Trauer hat dort ihren Ort.

Die Aufrichtung der Wirbelsäule hat viel mit unserer Würde zu tun und mit unserem Selbstbewusstsein. Das Kreuz aus Schultern und Wirbelsäule trägt Lasten, sowohl körperliche als auch seelische. Leid beugt uns, Freude richtet auf.

Im Hals ist die Verbindung zwischen dem Körper und dem Kopf, also zwischen dem Verstand und den Gefühlen. Da geht hindurch, was wir „zu schlucken" haben. Was wir sprechen, bekommt im Kehlkopf eine Klangfarbe, die unsere Gefühle ausdrückt.

Als „helle Köpfe" sind wir im wachen Ich-Bewusstsein, mit dem wir unsere Tagesgeschäfte ordnen und steuern, zu denken und zu sprechen. Im und am Kopf sind aufnehmende Organe zum Luftholen, essen, trinken und schmecken. Mit den Sinnesorganen Nase, Ohren und Augen nehmen wir die Welt um uns herum wahr. Wichtig ist, ebenso die Verbindung zu den Gefühlen zu halten. Das Gesicht, die Mimik und der Augenausdruck spiegeln unsere Gemüts-Verfassung wider.

In dem Wort der Hochsprache „Antlitz" ist noch deutlich enthalten, dass wir unsere Augen und unser Gesicht zueinander hin halten. Wir wenden uns einander zu und schauen uns an.

Uns dessen bewusst zu sein, was der Körper uns sagt, steigert unsere Präsenz.

Die Körperreise

Für ein gutes Körperbewusstsein schlage ich die Körperreise vor: Du wanderst mit deiner Aufmerksamkeit zuerst durch Füße und Beine, durch Hände und Arme, dann von unten nach oben durch den Rumpf, durch den Hals und den Kopf und spürst dabei, wie sich die verschiedenen Bereiche deines Körpers anfühlen. Dabei kannst du dich gut entspannen. Ausführlichere Anweisung findest du im Übungsteil.

Diese Übung ist für mehrere Anliegen sinnvoll:

Sie ist zuallererst eine Meditation, durch die du in deinem Körper wahrnehmen kannst, was leiblich, seelisch und geistig in ihm vorgeht. Wahrscheinlich kommt alles drei zur Ruhe.

Du kannst eine Körperreise auch als Mittagsruhe machen. Dabei ist es nicht wichtig, ob du währenddessen einschläfst oder wach bleibst. Beides ist gleich erfrischend. Das gleiche gilt beim Einschlafen zur Nachtruhe. Solltest du tatsächlich einmal nicht eingeschlafen sein, bevor du die Übung beendet hast, fange wieder von vorne an.

+*+*+   **„Tue deinem Körper Gutes, damit deine Seele Lust hat, darin zu wohnen.“** (Theresa von Avila)

(:-o)   Mit diesem Spruch weise ich euch auf die verschiedenen Übungsarten für Kraft und Beweglichkeit des Körpers hin. Jede und jeder mag sich aussuchen, was dem eigenen Wesen am meisten entspricht. Ich bevorzuge Übungen, bei denen gleichzeitig Achtsamkeit für den Körper und den Atem einbezogen sind, wie es besonders bei Yoga und Chi Gong, der Fall ist. Regelmäßigkeit bewirkt die besten Ergebnisse.

Durch die Sinne zum Sinn

~:-o) Wir können umso intensiver in der Gegenwart leben, wirklich voll lebendig sein, wenn wir wirklich hinhorchen, hinschauen, dorthin spüren, riechen, schmecken und bewusst WAHR NEHMEN. Dabei geht es nicht nur darum, was sich uns grob sinnlich aufdrängt. Noch mehr können wir uns schulen, feinere Sinneseindrücke aufzunehmen und dadurch unseren Erfahrungsschatz zu bereichern.

Jeder der fünf Sinne hat dabei seine eigene seelisch-geistige Richtung.

Hören

Im Hören sind wir zusammen in einem Innenraum mit einem Sprecher, wir sind IM Gespräch. Am Klang der Stimme, bis in die Feinheiten hören wir,
wie der andere „gestimmt" ist, ob fröhlich und munter, traurig und müde, ob freundlich oder wütend.

Wenn wir einer Musik wirklich lauschen, durchdringt sie unser Herz und Gemüt mit ihren Melodien, Rhythmen und den Klangfarben der Instrumente. Wir bewegen uns innerlich mit in dem Lebensgefühl, mit dem sie komponiert und vorgetragen wird, oder sogar körperlich im Tanz.

Und im Schweigen, im bewussten, meditativen Schweigen lauschen wir der Stille hinter den Geräuschen nach und dann der Stille hinter der Stille und lassen sie in uns wirken. Die Richtung geht nach innen.

Riechen

Im Alltag machen wir uns seltener aktiv bewusst, was wir riechen als das, was wir hören und sehen. Der Geruchs-Sinn ist besonders mit dem Atem verbunden. Du schnupperst Gerüche mit der Atemluft durch die Nase.

Schlechte Gerüche warnen dich, angenehme Düfte steigern dein Wohlbefinden und lassen dich tiefer atmen, wenn du sie beachtest.
Dein Geliebter, deine Geliebte hat für dich seinen ganz besonderen Geruch. Der Dichter Manfred Hausmann beschrieb, wie er aufwach-

te und sich über seine Frau beugte: „Sie duftet leise nach sich selbst." Die Düfte, die dein Leben begleiten, dringen besonders tief ins Unterbewusstsein.

In einem tieferen Sinn hat das Riechen mit der Intuition zu tun. Du hattest „einen guten Riecher", wenn du etwas richtig vorausgeahnt und dich entsprechend verhalten hast. Du erschnupperst, „hier ist etwas faul", wenn es bei einer Sache, bei der du beteiligt bist, gar nicht auf etwas Gutes hinausläuft, und du steigst aus. Viel schöner ist natürlich, wenn eine neue gesellschaftliche Bewegung nach Frische und Klarheit und echter Verheißung riecht. So kann der Geruchs-Sinn ein Gespür für die Zukunft enthalten. Dann wirst du ihm folgen. Es ist kostbar. Die Richtung ist vorwärts.

Fühlen

Durch Tasten und Fühlen nimmst du wahr, wer oder was dich berührt. Vor allem deine Haut, das Organ mit der größten Fläche, lässt dich wissen, wie du dich fühlst und auch, wie es sich anfühlt, wo du dich gerade befindest und was du gerade tust. Die Organe, Gelenke und Muskeln melden Empfindungen: Du fühlst Härte und Weichheit, Wärme und Kälte, Kraft und Schwäche, Spannung und Entspannung, Enge und Weite, Lust und Schmerz. Nach diesen eigentlich körperbetonten Empfindungen werden auch die seelischen Gefühle benannt. Wenn du dem nachspürst, bist du dir selbst nicht mehr fremd, sondern nahe. Das zu tun, ist vielen ungewohnt. Doch wenn du dir deiner eigenen Gefühle bewusst bist, weißt du sicherer, was deine Mitmenschen wirklich spüren, wenn sie sich dir mitteilen. Dann kannst du achtsamer mitfühlen.

Sehen

Wenn wir jemanden oder etwas betrachten, schauen wir den Menschen, das Tier, die Pflanze, den Gegenstand oder ein Ereignis als ein Gegenüber an. Wir versuchen, was wir sehen, möglichst objektiv zu erfassen. Es kann so schön sein, dass wir ganz ergriffen davon sind. Es kann so hässlich sein, dass es uns abstößt. Es kann so schrecklich sein, dass wir uns fürchten. Während hauptsächlich die Augen beteiligt sind, bleibt es trotzdem ein Gegenüber. Wir können uns ein Bild machen, die Angelegenheit erfassen. Der betrachtende, forschende Blick ermöglicht uns, einen Abstand zu wahren, um ein klares Bild zu bekommen. Wir verschaffen uns einen Überblick, betrachten vor allem von außerhalb.

Objektiv zu beobachten und frei von Vorurteilen zu sein, ermöglicht uns, unsere Angelegenheiten bei klarem Verstand zu beurteilen.

Die Richtung geht nach außen, und das zeigt uns, dass wir **allein** mit dem kühlen Blick der Augen zu oberflächlich bleiben. Damit würden wir alles zu Objekten machen, sogar lebende Wesen, schlimmstenfalls Menschen. Deswegen betonen wir hier so sehr gleichzeitig die anderen Sinne und unser mitfühlendes Herz.

Dann kannst du ein Thema, eine Angelegenheit nicht nur von deinem Ich aus betrachten, sondern auch aus der Perspektive der Mitmenschen.

+*+*+ **„Man sieht nur mit dem Herzen gut."** (Antoine de St. Exupéry)

(:-o) Dazu fällt mir eine kurze, aber wichtige Geschichte ein:

Wo ist sie hingeflogen?

Ein Zenmeister geht mit seinem Schüler einen Weg am See-Ufer entlang. Da fliegt eine Ente auf. Der Meister fragt: „Wo ist sie hingeflogen?" Der Schüler antwortet: „Sie ist weggeflogen."

Der Meister baut sich vor dem Schüler auf, schaut ihm ernst in die Augen, zieht die Augenbrauen hoch und fragt streng: „Wo ist sie h i n geflogen?"

(:-/) Warum ist der Meister so streng mit ihm? Er hat doch gesehen, wie sie weg flog.

(8-0> Der Meister hat an der Antwort gemerkt, dass der Schüler immer noch reflexhaft von seinem Ich-Standpunkt ausgeht. Von i h m aus betrachtet ist sie weggeflogen. Der Meister hatte aber gefragt: „Wohin?!"
Die Ich-Revolution ist ein innerer Prozess. Ein wichtiger Schritt dahin ist, das eigene Ich weglassen zu können und die Situation ganz von der anderen Seite, hier von der Ente her zu beantworten.

Die Vier-Sinne Übung

Dabei erlebst du dich ganz gegenwärtig in dem, was deine Sinne dir mitteilen. Du konzentrierst dich nacheinander auf das Riechen, das Fühlen, das Hören und das Sehen und wie jeder einzelne Sinn auf dich wirkt. Die Übung wird erweitert durch das bewusste Wahrnehmen mehrerer Sinne gleichzeitig. Eine ausführlichere Beschreibung findest du im Anschluss nach der fünften Session.

Die Gruppe beschließt die heutige Session mit dieser Vier-Sinne-Übung. Wir teilen uns gegenseitig mit, was wir dabei erlebt haben. Wir stellen fest, dass wir uns hier wohlfühlen, weil es gut riecht, wir uns mit der Natur verbunden fühlen, Insekten-Gesumm und Vogelzwitschern die Stille unterstreicht und dass es hier schön ist.

Zur Weiterarbeit:
Moses G. Steinvorth: „Im Körper zuhause". Göttingen 1999

- EINKEHREN -

3. Session: Geistesgegenwärtig im Hier und Jetzt

Das Wetter ist schön. Wir sind mit Onkel Mo hinunter in den Garten gegangen. Der liegt im vorderen Teil eines Stückes Ackerland, auf dem Gras und Obstbäume wachsen. Der Garten ist rechteckig eingezäunt. Neben dem Zaun wachsen ringsherum Bäume und Büsche dicht bei dicht. Die halten nach den Regeln der Permakultur den austrocknenden Wind ab, geben Halbschatten und ziehen Wasser an, so dass nicht so viel und so häufig gegossen werden muss. Unter Mo's Anleitung begießen wir Pflanzen und Obstbäume, jäten Unkraut, rupfen Mulchmaterial und verteilen es auf Gemüsebeete. Das haben wir knappe zwei Stunden gemacht.

Jetzt sind wir wieder auf der Terrasse versammelt. Wir fühlen uns wohl, gleichzeitig angeregt und entspannt und gut in unserer Mitte, im Hier und Jetzt.

Bei sich selbst sein, um die eigene Mitte gesammelt

(:-o) Die ruhige Arbeit in dem schönen und duftenden Garten hat mir gut getan. Da richte ich meine gesammelte Aufmerksamkeit auf die Pflanzen. Und auch jetzt noch spüre ich einen inneren Frieden. Den empfinden wir besonders dann, wenn wir gelassen in uns selbst ruhen. Das ist ein Mittelpunkts-Gefühl. Sprechen wir ein wenig über solche Erfahrungen der Mitte.

Die Innere Mitte wird in vielen Kulturen in Mandalas bildlich dargestellt. Das sind kreisförmige oder quadratische Bilder mit einem Zentrum, um das sich die weiteren Linien und Figuren konzentrisch herum gruppieren. Sie zeigen: So ist auch unser Seelenleben angeordnet. Es gibt Randerscheinungen und das Wichtigste in der Mitte. Alles zusammen ergibt ein ganzheitliches Muster. Manchmal kann es dir helfen, selbst ein Mandala zu malen, um zu dir selbst zu kommen und wieder gut in der Mitte zu sein.

Du bist fest und klar in deiner Mitte, wenn du mit allen Sinnen präsent bist an dem Ort, an dem du dich gerade befindest und auch mit deinen Gedanken und Gefühlen dort bist. Ebenso wenn du gerade zu diesem Zeitpunkt vollständig anwesend bist und nicht teilweise an etwas Vergangenem hängst oder schon in die Zukunft voraus eilst.

Gegenwärtig sein im HIER und JETZT

Alle Lebensberater und Spirituellen Lehrer betonen: Nur in DIESEM Moment AN DIESEM Ort lebst du wirklich. Auf jeden Fall bist du körperlich dort, das geht nun wirklich nicht anders! Du nimmst wahr, was deine Sinne erreicht und was du gerade fühlst und auf diesen Moment bezogen denkst. Entscheidungen kannst du nur hier und jetzt treffen: Zu sprechen oder zu schweigen, zu handeln oder es zu lassen.

Das ist nur JETZT UND HIER möglich.

Das Denken kann in die Vergangenheit zurück gehen oder der Zukunft vorgreifen. Nur Gedanken, Erinnerungen, Sehnsüchte und Träume können dich an einen anderen Ort in eine andere Zeit versetzen, als sich dein Körper gerade aufhält. Also brauchst du „NUR" mit deinen Gedanken und Gefühlen ins Hier und Jetzt zurück zu kehren. Das heißt konkret: In den Körper, zu den fünf Sinnen und vor allem zum Atem.

(:-/) Es s c h e i n t einfach zu sein. Ich frage mich manchmal, warum es mir dann s o s c h w e r f ä l l t.

(:-o) Mir geht es genau so. Ich versuche die Schwierigkeit zu ergründen. Das HIER ist der Ort, an dem du dich gerade befindest. Das ist nicht so eindeutig, wie es scheint. Denn deine räumliche

Wahrnehmung hat zwei Richtungen, eine nach innen und eine nach außen.

$\wedge$

außen

HIER

innen

$\vee$

Du hast wahrscheinlich dort wo du lebst, eine Aufgabe zu erfüllen, die deine Aufmerksamkeit für äußere Dinge erfordert. Gleichzeitig hast du ein Innenleben mit eigenen Wünschen und Interessen. Ein Glück, wenn beides gut zusammengeht. Was aber, wenn nicht? Vielleicht musst du etwas tun, bist aber innerlich voller Widerstand dagegen. Da fallen dir bestimmt Situationen ein, wo innen und außen passt, aber auch solche, wo das Gegenteil der Fall ist.

Noch deutlicher wird dieses Spannungsfeld, wenn du anderen Menschen begegnest, die von außen auf dich zu kommen. Du kannst dich freuen, sie zu sehen, weil du ihnen innerlich nahestehst, andererseits kannst du mit ihnen in Konflikte geraten.

Das JETZT ist der Moment in der Zeit, den du gerade erlebst. Von dort gibt es ebenfalls zwei Richtungen: Nach rückwärts in die Vergangenheit und nach vorwärts in die Zukunft.

$<$ rückwärts **JETZT** vorwärts $>$

Wenn ich gerade mit allem Gewesenen in Frieden bin und zuversichtlich in die Zukunft gehe, bin ich glücklich.

Aus der Vergangenheit bringe ich mit, was bis heute aus mir geworden ist. Gutes wurde mir mitgegeben, Leidvolles mir auferlegt, an dem Ort und zu der Zeit, als ich aufgewachsen bin. Manche Begabungen konnte ich frei entfalten, manchen Interessen konnte ich folgen, andere wurden eingeschränkt. Das Leben hat mir Glücksmomente geschenkt, voller Staunen und Freude. Aber ich war auch Schmerzen ausgesetzt und Verlusten, um die ich trauere. Erziehung und Bildung haben mir Möglichkeiten zu meiner Entfaltung geboten, mich aber auch in feste Bahnen gelenkt. Sind sie noch hilfreich, oder sind sie zu eng geworden?

Auf die Zukunft versuchen wir uns vorzubereiten. Meist schauen wir DANN zuversichtlich in die Zukunft, wenn wir das künftig zu behalten glauben, was wir haben.

Wir versuchen also, Vergangenes in die Zukunft zu verlängern. Aber so ist die Zukunft nicht. Wie schon das Wort Zu-Kunft sagt: Sie KOMMT aus dem Unbekannten auf uns ZU! Sie bringt Ereignisse, mit denen wir nicht gerechnet haben. Du brauchst Zuversicht, um dich der Zukunft auszusetzen, den Ereignissen, die kommen werden.

+*+*+ Sei Realist, erwarte das Unmögliche! (Che Guevara)

Im scheinbar so einfachen HIER UND JETZT befindest du dich in einem Spannungsfeld von vier Richtungen. Aus jeder können Gedankenketten in die Gegenwart eindringen. Die können besonders dann hartnäckig sein, wenn sie mit starken Gefühlen verknüpft sind. Du kannst bei dir selbst in diese vier Richtungen schauen, hinein spüren und erforschen, welche davon besonders dringlich sind. Der Sprachforscher und Soziologe Eugen Rosenstock-Huessy nannte sie

DAS KREUZ DER WIRKLICHKEIT[4]:

$$\wedge$$
außen

HIER
< rückwärts   UND   vorwärts >
JETZT

innen
$$\vee$$

---

4   Das Kreuz der Wirklichkeit als Orientierung in der Vielfalt existentieller Erfahrungen wird ausführlich erklärt in Eugen-Rosenstock-Huessy: „Soziologie I"

„Geh' wohin dein Herz dich trägt.“

Das ist der Titel eines Romans von Susanna Tamaro. Er enthält den gütigen Rat, den eine ältere, weise Frau einer jüngeren auf den Lebensweg mitgibt. Beispielgebend soll er uns diese existentielle Erfahrung der vier Richtungen erläutern.

„Geh, wohin dein Herz dich trägt“ - das weist nach vorwärts in die Zukunft, ins Ungewisse. Das Herz ist das Innerste, Ureigenste in der Mitte. Es scheint am ehesten zu wissen, wohin der Aufbruch geht. Es trägt auf Grund der Erfahrungen aus der Vergangenheit, soweit sie ermutigend waren. So kann ein Mensch mit freiem Herzen einen neuen Weg gehen. Dann werden konkrete Schritte in der Außenwelt unternommen, um den inneren Impuls des Herzens zu verwirklichen.

Untergründig ist ein Bangen, dass der Weg des Herzens auch verfehlt werden kann. Denn aus jeder der vier Richtungen können Hindernisse kommen: Zweifel, die Ungewissheit zu ertragen, Verstrickungen in Vergangenes, innere Konflikte als Entscheidungsschwierigkeiten und schließlich äußere Hürden, die den Weg erschweren. Deshalb die liebevolle Ermutigung: Geh' wohin dein Herz dich trägt - geh' erstmal los und vertraue!

Der „Spirit“ der Mitte

In Sternstunden unseres Lebens, in kostbaren Momenten, können wir inspiriert werden. Dann sind wir ganz erfüllt davon in unserer Mitte. Das können ganz große Erlebnisse sein oder die kleinen in zarten Augenblicken. Du kannst von einem guten und starken und zukunftsweisenden Entschluss ergriffen werden, der dich in deine ganz eigene Lebensaufgabe ruft. Oder du erlebst die zarte Schönheit, wie ein Schmetterling sich in eine Blume setzt. Solche besonderen Momente bietet dir das Leben, doch kannst du sie wohl kaum willentlich herbeiführen. Sie werden dir geschenkt. Aber du entscheidest, ob du sie erfasst oder sie verpasst.

Schreibmeditation zum Kreuz der Wirklichkeit

Als nächstes schlage ich euch eine Schreibmeditation vor. Sie kann gut zur Selbst-Erkenntnis verhelfen, und diese führt zur Erneuerung. Die Anleitung für die Übung bekommt ihr von mir schriftlich mit.
In dieser Schreibmeditation kannst du dir darüber klar werden:
- was aus der Vergangenheit dich noch stark bestimmt,
- welche Erwartungen du für die Zukunft hast,
- wie es dir mit deinen äußeren Lebensbedingungen geht
- und wie du innerlich gestimmt bist.
Wie wirken sich diese vier Richtungen auf deine Lebens-Situation HIER UND JETZT aus?

Warnung: Solltest du zur Zeit deine persönliche Lebenssituation in mehreren Bereichen als schwer belastend erleben, dann führe die Übung nur dann aus, wenn du eine Vertrauensperson an deiner Seite hast.

Schreibmeditation zu deinem persönlichen Hier und Jetzt

Nimm dir fünf Blätter Papier und lege sie kreuzförmig vor dir aus:
Eines für vorwärts und gegenüber eines für rückwärts in der Zeit -
und eines für auswärts und eines für einwärts im Raum;
eines bleibt für die Mitte im Hier und Jetzt.
Fange mit DER Richtung von den Vieren an, die dich hier und jetzt am meisten umtreibt. Schreibe auf, was dir da als erstes einfällt und wie es dir damit geht. Nimm dann das nächste Blatt und wähle die nächste Richtung. Dann schreibe weitere Erlebnisse und Erfahrungen auf die vier Blätter. Notiere nicht nur das, was dich bedrängt, belastet und schmerzt, sonst geht es dir am Ende der Übung schlecht! Schreibe auch auf, was gut und schön ist, worüber du zu-

frieden und dankbar bist und die Gründe, hoffnungsvoll und zuversichtlich zu sein. Hilfreich kann auch sein, das Gute mit einer anderen Farbe als das Schwierige zu schreiben oder zu markieren.

Ein paar wenige Anregungen für die verschiedenen Richtungen:

Vorwärts: Was macht dir Mut? Was gibt dir Zuversicht? Welche Hoffnungen und Wünsche bewegen dich? Wer oder was macht dir Sorgen? Wovor hast du Angst? Wer oder was kann dir helfen, voran zu kommen?

Rückwärts: Was ist dir gelungen, was hast du entwickelt, womit du zufrieden bist? Welchen Menschen bist du dankbar, die dich gefördert haben? Was waren Glücksmomente in deinem Leben? - Welche Lasten wurden dir auferlegt, worunter leidest du jetzt noch? Was ist geschehen? Was musstest du entbehren? Was bereitet dir Schmerzen? Welche Erziehungssätze, die du verinnerlicht hast - und welche Urteile über dich - hast du gespeichert – und: Welche willst du löschen, welche verstärken? Wer oder was kann dich trösten?

Nach Außen: Was steht dir zur Verfügung, um dich zu ernähren, dich zu kleiden, ein Dach über dem Kopf zu haben? Für welche äußeren Güter, die du erworben hast, bist du dankbar? Welche der notwendigen Dinge fehlen oder mangeln dir? Wovon hast du zu viel, so dass es dich eher belastet? Was ist schön in deiner Umgebung, was ist hässlich? Was stört dich? Welche Menschen kommen von außen auf dich zu als Gegenüber? Welche sind gerade hilfreich und welche erscheinen dir als schwierig? Was bekommst du von ihnen? Was brauchen sie von dir? Wer oder was scheint dir bedrohlich zu sein? Wer kann dir beistehen?

Nach Innen: Herrscht in dir im Allgemeinen oder häufig eine Grundstimmung, dass du innerlich mit dir zufrieden bist? Worüber bist du im Großen und Ganzen sogar froh? Wenn du eine wichtige Entscheidung zu treffen hast (vielleicht gerade jetzt?), hörst du dann auch auf dein Herz und dein Bauchgefühl oder fast nur auf deinen Verstand?

Hast du meistens ein gutes Selbstvertrauen? Gibt es Menschen in einem inneren Kreis, mit denen du dich verbunden fühlst?

Worüber bist du unzufrieden und warum? Was hat dich verärgert, gar wütend gemacht? Stimmt dich etwas traurig? Wo empfindest du Schmerzen und wie fühlen sie sich an? Wer oder was kann dir Frieden geben?

Zur Mitte: Lege nun die vier beschrifteten Blätter in der Kreuzform vor dich hin. Spüre dem nach, was darauf steht. Nimm nun das fünfte Blatt für das HIER UND JETZT, das für die Mitte bestimmt ist.

Stelle fest: Welcher Impuls ist gerade JETZT UND HIER besonders lebendig?

Was ist mir für mein Leben ZENTRAL wichtig und gibt mir Sinn? Was kann ich dafür tun, um es zu verwirklichen?

Schreibe das auf das fünfte, mittlere Blatt.

Für diese Übung brauchst du schon einmal einen freien Abend.

- E I N K E H R E N -

4. Session: Liebe!

Am Ostermontag kommen wir nach zwei Tagen, die jeder zur eige-
nen Verfügung hatte, wieder zusammen. Es ist kühler geworden, und
so sitzen wir in Onkel Mo's Stube beim gemütlichen Holzfeuer, das
im Kamin glüht und rücken näher zueinander.

~:-o) Meine Enkelkinder Rosi, 11 Jahre und Vicky, ein siebenjähri-
ger Junge, sind über Ostern bei mir zu Besuch. Gestern habe ich sie
zum jährlichen Ostereier-Suchen der Gemeinde Rocca mitgenom-
men. Auf der Piazza, dem öffentlichen Platz, sammelten sich die
Kinder um einige Frauen aus dem Dorf. Die gaben jedem Kind eine
ordentlich große Tüte und führten dann die Kinder an den Parcours
heran, an dem all die süßen Sachen versteckt waren. Und dann ging
es los. Nach kurzer Zeit hörten wir schon die freudigen Rufe der
Kinder. Am Schluss kamen alle Kinder glücklich und zufrieden
noch einmal auf der Piazza zusammen und sangen ein Osterlied.

(:-o) Der gute Geist ist in der Osterfreude, und die Kinder erleben
sie beim Suchen und Finden.

(8-0> Damit komme ich auf den zentralen Punkt unseres Themas:
„Es kommt also vor allem auf die **MOTIVATION** an. An dem inneren Beweggrund einer Handlung zeigt sich, ob ein guter Geist darin wirkt.“

~:-o) Mir fällt dazu ein Erlebnis meiner Freundin ein:

Mut im Bus

Meine Freundin ist ein schüchterner, zuweilen ängstlicher Mensch. Eines Tages, als sie in einem Linienbus fuhr, stieg an einer Haltestelle ein Mann von dunkler Hautfarbe ein. Er zeigte dem Busfahrer eine Monatskarte. Der Fahrer verlangte: „Zeigen Sie mir auch Ihren Personalausweis!" Der Fahrgast fragte: „Warum genügt nicht meine Monatskarte?" -„Ich will Ihren Ausweis sehen. Ihr Bimbos seht doch alle gleich aus!" - Spontan sprang meine Freundin auf, eilte nach vorn, trat zu dem Busfahrer hin und sagte sehr bestimmt: „Stopp, so geht das nicht! Sie müssen ihn genau so behandeln wie uns alle!" -

Der Busfahrer schaute zu ihr hin, sah dann seinen Fahrgast an und murmelte: „Tut mir leid, so habe ich es nicht gemeint."

Meine Freundin versicherte mir, dass sie sich vorher dieses Eingreifen niemals zugetraut hätte. „Es war wie eine höhere Eingebung", sagte sie.

(8-0> Das ist ein wunderbares Beispiel für Geistesgegenwart: Sie bedeutet, spontan, mutig und klug in einer akuten Situation reden und handeln zu können. Und es ist noch mehr dabei:

Der Freundin im Bus spüre ich ab, dass sie ein b e s e e l t e r Mensch ist, in dem ein guter Geist lebt. Sie fühlt mit diesem Mann, versetzt sich in diesem Moment in seine Lage. Sie ist davon überzeugt, dass jeder Mensch das gleiche Recht auf Respekt hat. Und diese innere Überzeugung gibt ihr den Impuls, der stärker ist als ihre Schüchternheit.

~:-o) Im Leben gibt es manchmal Momente,
da spricht ein Spirit aus uns, über den wir nicht verfügen können,
mit einer Kraft, die über uns selbst hinausgeht,
mit einer Wirkung, die wir nicht im Voraus wissen.

38

So ein Moment war das bei meiner Freundin, als sie zu dem Busfahrer sprach.

(:-o) **SPRECHEN WIR ALSO IN LIEBE VON DER LIEBE**
… und dazu möchte ich gleich ein Erlebnis meiner Tante erzählen:

Der Afrikaner im Schnell-Imbiss

Meine Tante, eine ältere Dame, bestellte am Tresen eine Suppe, und als sie sie bekam, trug sie den Teller behutsam an einen Stehtisch und hängte ihre Handtasche darunter.
Da merkte sie, dass sie Löffel und Serviette vergessen hatte. Sie ging nochmal zum Tresen und als sie zurück zum Tisch kommt, steht dort ein junger Afrikaner, schwarz, kraushaarig und bunt gekleidet. Er löffelt die Suppe! Sie stutzt erst einmal, aber dann fasst sie sich ein Herz, lächelt den Mann an, nimmt ihren Löffel und fängt an, gemeinsam mit ihm aus dem Teller die Suppe zu essen. Nach der schweigend genossenen Mahlzeit verabschiedet sich der junge Mann mit einem freundlichen Lächeln.
Als meine Tante gehen will und unter den Tisch nach ihrer Handtasche greift, ist sie weg! „Also doch ein gemeiner, hinterhältiger Spitzbube!", zischelte sie vor sich hin. Aufgeregt und enttäuscht schaut sie sich um. Er ist spurlos verschwunden. - - -
Aber auf dem Nachbartisch sieht sie plötzlich ihren Teller Suppe stehen, noch völlig unberührt. Darunter hängt ihre Handtasche…

(:-o) Deiner Tante ging es um Liebe zum Mitmenschen. Sie ging spontan auf ihn zu, überwand sogar ihren Ärger, denn sie dachte ja, es sei ihr Teller.
Ebenso ließ er sie großzügig und freundlich an seiner Mahlzeit teilhaben.

~:-o) Als sie ihre Tasche vermisste, ist sie in ihr Vorurteil zurück-gefallen.

(:-/) Ja, vor Schreck! Da kann uns schon erst einmal die schöne Verbundenheit abhanden kommen. – Als sie aber die Tasche am anderen Tisch hängen sah, hat sie sich sicher vor sich selbst geschämt.

(:-o) Unser Lieben ist störanfällig, und doch wünschen wir uns zutiefst, dass die Liebe immer lebendig bleibt.
Und wenn sie bei uns aushakt, dürfen wir Geduld mit uns haben. Meiner Tante wurde b e w u s s t , dass sie irrtümlich in Wut geraten war. Und darauf kommt es an, dass wir darüber nachdenken können, was uns gerade passiert ist.

+*+*+ **„Der Mensch ist Leben, das sich seiner selbst bewusst ist.“** (E. Fromm)

~:-o) **Jeder Mensch ist ein geliebtes Wesen**
Jede und jeder von uns lebt davon, geliebt zu werden und Geborgenheit zu erfahren, mindestens in der frühen Kindheit. Säuglinge und Kleinkinder können nur dadurch ein Selbstwertgefühl entwickeln, dass sie mit festen Bezugspersonen in Resonanz kommen, mit Körper- und Blickkontakt, lächeln und zurück lächeln, durch zuhören und sprechen.
Die Quelle der Liebe war vor uns da, sie ist eine uns innewohnende Kraft, die zwischen uns fließt. Wir können Liebe erleben und weitergeben. Wir können sie aber nicht willentlich erzeugen und sie uns auch nicht verdienen. Im Lieben und Geliebt Werden entwickelt jeder von uns eine ganz eigene Persönlichkeit. So wie sie oder er als einzelner Mensch mit seinem innersten Wesen und als äußere Erscheinung in die Welt gekommen ist und lebt, gab es nie einen gleichen und wird es ihn nie wieder geben. Also wünsche ich mir einerseits sehr, dass ich in meiner Einmaligkeit angenommen und ver-

standen werde. Andererseits sehne ich mich ebenso stark nach liebevoller Verbundenheit mit anderen Menschen und möchte mit ihnen einig sein.

Ich möchte frei sein und meine ganz eigenen Möglichkeiten entfalten, die in mir angelegt sind. Gleichzeitig gehöre ich zu einer Gemeinschaft mit anderen Menschen, die ich liebe. Darum gehe ich wiederum auf deren Eigenheiten und Wünsche ein.

(:-/) Da wird es spannend, da gibt es auch Konflikte! In dem Wechselspiel, ganz bei mir selbst zu sein, in meiner Mitte u n d mich liebevoll ganz dem anderen zuzuwenden, liegt die „Kunst des Liebens".

(:-o) Die Liebes-Energie fließt zwischen diesen zwei Polen: Im Einklang mit mir selbst zu sein und mit anderen Menschen. Mal ist dafür nötig zu verzichten, ein anderes Mal mal muss ich ehrlich zeigen, was mir sehr wichtig ist.

(:-/) Wenn die Liebe so wie du es schilderst, frei fließen kann, könnten wir viel glücklicher leben. Das glaube ich auch. Aber im alltäglichen Umgang der Mitmenschen in unserer Gesellschaft erlebe ich das selten.

(:-o) Wir kennen es aus manchen Erlebnissen mit Leuten, mit denen wir es zu tun haben und auch bei uns selber, dass wir mit Liebe geizen. Dieses Geizen hat viel mit der Angst zu tun, beim Lieben etwas von sich zu verlieren, denn Lieben ist mit freiwilliger Hingabe verbunden, und man weiß ja nicht, ob die Liebe erwidert wird. Wenn nicht, wird es weh tun. Auch davor haben viele Angst.

Am häufigsten erlebe ich bei mir und bei anderen, dass wir aus der Haltung liebender Zuneigung zeitweise herausfallen. Das geschieht, weil ich unvollkommen bin, meine ganz eigenen wunden Punkte habe, über die ich mich aufrege und ärgere. Manchmal bin ich einfach gestresst und müde. So geht den anderen auch. Zur Liebe gehört viel Geduld, auch mit mir selbst.

~:-o) Auch die Selbstliebe ist Liebe! Ohne sie wüsste ich gar nicht, was Liebe ist -

(:-/) Ich finde es überhaupt schwierig, von Liebe zu reden. Das Wort wird so oft missbraucht: Vom „Liebe machen" bis zur kitschigen Romantik „ewiger Liebe", von „Vaterlandsliebe", für sie zu sterben - bis zum Markenartikel, den man „lieben" soll, damit er sich besser verkauft. Vielleicht können wir mit noch anderen Ausdrücken umschreiben, was mit dem Lieben wirklich gemeint ist.

~:-o) Das hat Erich Fromm besonders eindrücklich in seinem Buch „Die Kunst desLiebens" gemacht. Er nennt vier

Grundhaltungen reifer Liebe

Es sind dies die   F ü r s o r g e , das   V e r a n t w o r t u n g s g e -
f ü h l ,   die   A c h t u n g   vor dem anderen – und die   E r k e n n t -
n i s .
Mit der Haltung der   F ü r s o r g l i c h k e i t   achten wir aufmerksam darauf, wie es dem anderen geht. Wir fragen mitfühlend nach und tun dann nach Möglichkeit für ihn, was er oder sie für das leibliche und seelische Wohl braucht. Denke dabei auch an dich selbst und an deine Grenzen, übe Selbstfürsorge.
Wir nehmen   V e r a n t w o r t u n g   wahr, um das gute Zusammenleben zu fördern. Dafür bringt jeder die ganz eigenen Fähigkeiten ein. Damit Fürsorge und Verantwortlichkeit nicht zur Routine werden, ist wichtig, voneinander die Vorlieben und Abneigungen zu kennen, einander Qualitäten und Stärken anzuerkennen und zu fördern und gegenseitig auf unsere Schwächen Rücksicht zu nehmen.

Aus A c h t u n g vor dem anderen achten wir auf die Gleichberechtigung in der Beziehung und auf die Würde des anderen.

Gerade in Liebesbeziehungen sind wir empfindlich, vom Willen des anderen vereinnahmt zu werden und wehren uns.

Besonders heikel ist, bei Konflikten – auch bei schweren – trotz Ärger und Zorn den Respekt vor dem anderen zu wahren, ihn nicht zu beleidigen oder herabzusetzen. Im Zorn trotzdem achtsam zu bleiben, ist schon ein Meisterstück. Hilfreich ist die Ich-Botschaft: „Ich bin wütend, weil mir ...“; Abwertungen und Vorwürfe helfen selten weiter.

(:-/) Diese drei Grundhaltungen leuchten mir sehr ein. Was meint ihr nun dazu, was E r k e n n t n i s mit Liebe zu tun hat?

(:-o) Wenn Menschen sich sehr nahe gekommen sind und tiefes Vertrauen zueinander gewonnen haben, melden sich Wünsche aus der Tiefe der Seele an.

Dann möchten sie dem Liebespartner, der besten Freundin oder dem besten Freund, manchmal auch einer Gruppe mitteilen, was sie im Innersten umtreibt. Da gibt es viel ganz Persönliches.

Da hast du Wünsche, die du nur jemand anvertraust, der dich liebt, da hast du Schwächen, die du an dir selbst nicht magst.

Du leidest an etwas, das du allein kaum ertragen kannst und offenbarst dich. Du schämst dich für etwas, was du vor dem anderen nicht mehr verbergen kannst, und möchtest trotzdem weiter geliebt werden. Wirst du umgekehrt bereit sein, solche Lasten des anderen mitzutragen?

(8-0> Lieben bedeutet, jemanden zu mögen, o b w o h l man ihn kennt ...

(:-o) Und es gibt noch mehr, etwas sehr Schönes: Du erkennst am anderen Qualitäten, Fähigkeiten, an die dein Liebster, deine Liebste

selbst nicht glaubt. Du bestärkst sie oder ihn, sie zu entwickeln. Durch solche Mitteilungen und Offenbarungen entsteht tieferes E r-k e n n e n .

So wächst die wahre Liebe über Verliebtheit und Idealisierung hinaus.

~:-o) Dann wünschen wir uns noch mehr Vertiefung und Erwärmung der Liebe. Das geschieht durch Erkennen und Verstehen der Mitte des ganz eigenen Wesens des Ehegatten oder der Gattin, des Kindes, des Freundes oder der Freundin.

Ein schönes Zitat dazu gebe ich frei nach dem Menschenfreund Rudolf Steiner wieder: „Tausende sind an dir vorbei gegangen und haben dich als Teil einer anonymen Menge gesehen – aber wer dich liebt, erkennt den einmaligen Glanz deiner Persönlichkeit.“

~:-o) Weil wir innerlich wachsen und unsere Persönlichkeit entwickeln, wird es auch nach vielen Jahren der Begegnungen und des Zusammenseins möglich, dass wir überraschende Facetten der Wesensart des anderen entdecken, die ihn uns in neuem Licht erscheinen lassen.

Und schließlich verrate ich euch noch ein Geheimnis. Wenn die vertiefte seelisch-geistige Erkenntnis füreinander die Liebespartner erwärmt, ergibt sich daraus leicht auch eine vertiefte und leidenschaftliche Befriedigung in der leiblichen Liebe.

+*+*+ **Das Wunder der Liebe ist, dass sie immer größer wird, je mehr du gibst.**

(:-o) Liebe ist der wichtigste und stärkste Impuls für eine Verwandlung jedes Menschen von innen. Deshalb schlage ich wieder eine Übung vor.

Herz-Meditation

Öffnest du dich für das Fließen der Liebe in dein Herz, dann erlebst du ihr Überfließen und sendest sie von deinem Herzen aus in konzentrischen Kreisen zu deinen Nächsten, sogar zu deinen Gegnern, in die Region, in der du lebst, in dein Land, deinen Kontinent, über den ganzen Planeten und zu allem Lebendigen.

Auch diese Übung wird im Anschluss an die fünfte Session genau beschrieben.

+*+*+   **Das Leben ist Liebe und der Liebe Leben Geist.** (J. W. von Goethe)

Nachdem wir so ausführlich von der Liebe gesprochen und gespürt haben, wie weit sie reicht, lädt Onkel Mo uns zu einem Spaziergang ein. Wir müssen erst einmal tüchtig steigen und kommen bei einem Aussichtspunkt an. Das ist ein Steinplateau oberhalb der Baumwipfel des Eichenwaldes. Rechts von uns sind bewaldete Berge und zur Linken liegt eine weite Ebene bis zum Ufer des Mittelmeers. Dahinter sind undeutlich im Dunst Inseln zu sehen und der Horizont – ein Bild der Ruhe und des Friedens, das wir still in uns aufnehmen – Wir steigen noch ein gutes Stück höher und kommen zu einer weiteren freien Aussicht, zu einer großen blühenden Wiese, auf der wir nun stehen. – Plötzlich donnert ein Düsenjäger über uns hinweg und zerreißt die Stille. Kurz darauf folgt noch ein Kampfjet. Wir bemerken, was uns vorher nicht aufgefallen war: Das leicht bewölkte Blau des Himmels ist zerfurcht von den Kondensstreifen der militärischen Übungsfliegerei.

Nachdenklich gehen wir wieder zurück. So sitzen wir wieder beisammen:

$$\sim:-/)$$
$$(8-/> \qquad (\,:-/)$$
$$(\,:-1)$$

(8-0> „Etwas drückt uns mächtig auf die Stimmung", bemerkt Onkel Mo.

~:-o) Mir ist gerade wieder deutlich geworden, wie gefährdet unser Leben ist. Auch hier ist keine Idylle, in der wir das einfach vergessen könnten.

75 Jahre nach dem Zweiten Weltkrieg sind wir militärisch hochgerüstet wie nie zuvor. Und unsere Regierungen behaupten, das sei notwendig für unsere Sicherheit! Dabei sind Menschen dem Tode selten so ausgeliefert, wie wenn sie aus der Luft bombardiert werden. Wie schnell kann die Weltpolitik so umkippen, dass es wieder einen großen Krieg gibt. Die Gefahr ist real, wie wir wissen! Bei den heutigen Massenvernichtungs-Waffen wäre es das Ende der Zivilisation.

(:-1) Und ich bin abwechselnd deprimiert und wütend wegen der völligen Sinnlosigkeit der Herrschaftsverhältnisse. Angeblich leben wir im Zeitalter des aufgeklärten Verstandes, aber was tatsächlich gemacht wird, ist gegen jede Vernunft.

Die ärmste Milliarde der Bewohner dieses Planeten lebt in Hunger und Elend, Tausende verhungern täglich und Millionen leiden unter schrecklichen Mangelkrankheiten. Ein Bruchteil des Geldes, das jährlich für die Tötungs-Maschinerien ausgegeben wird, würde genügen, um den Allerärmsten ein Leben ohne materielle Sorgen zu ermöglichen. Da wäre das Geld viel besser angewendet, auch für unsere eigene Sicherheit! Aber so wird es nicht gemacht. Es ist so absurd. Die Welt steht auf dem Kopf!

(8-0> Und wie kommt sie wieder auf die Füße? - Durch Umdenken!

(:-/) Wie soll denn das gehen?

(:-o) Wir dürfen uns nicht damit zufrieden geben, einzelne Krisensymptome zu reparieren. Eine Ich-Revolution bei möglichst Vielen kann nachhaltiger wirken. Wir müssen am Geist, an unseren Denkgewohnheiten ansetzen.

Die sind weitgehend durch die Denker der Aufklärung bestimmt, ob wir uns dessen bewusst sind oder nicht. Sie haben den menschlichen Verstand vom Aberglauben befreit. Das ist ihr Verdienst. Galileo Galilei überschritt die Grenze des kirchlichen Dogmas, dass die Erde im Zentrum des Sonnensystems sein müsse.

So wie Nikolaus Kopernikus schon entdeckte, bestätigten auch seine Beobachtungen und Berechnungen: Es ist die Sonne, und die Planeten kreisen um sie herum. Als er diese Tatsache verkündete, wurde er mit dem Tode bedroht. Also widerrief er offiziell. Inoffiziell sprach er: „Und sie bewegt sich doch!" Die Zeit war reif dafür, dass diese Feststellung sich gegen die Kirchenlehre durchsetzen konnte. Damit begann ein neues Zeitalter und ein neues Selbstverständnis des Menschen für seine Stellung im Kosmos. Die Wissenschaftler, besonders die Naturwissenschaftler, erforschten mehr und mehr die Natur und lernten, ihre Kräfte zu beherrschen. Ihr Erfindungsreichtum brachte umwälzende technische Entwicklungen hervor. Aber sie sind doppelbödig. Sie brachten Errungenschaften zur Erleichterung des Lebens und enormen medizinischen Fortschritt, aber auch furchtbare Waffen. Eine industrielle „Megamaschine" wuchs heran und wächst rasant immer weiter.

Sie bringt uns an die Grenzen der Menge der Rohstoffe, die wir noch aus der Erde herausholen können und auch an die Grenzen der Menge der Schadstoffe, die das Leben auf der Erde aushalten kann. Zum ersten Mal in der Geschichte erreicht die Menschheit diese Grenzen. Unser Geist kann diese Tatsachen noch gar nicht fassen! Und dazu kommt noch eine: Die atomare Bewaffnung ist so weit vorangeschritten, dass in einem atomaren Weltkrieg alles Leben auf unserem Planeten ausgelöscht werden kann.

(:-/) Ja, die Schattenseiten und Abgründe dieser Entwicklungen sind schrecklich.
Aber wir können ja nicht zurück in das Mittelalter.

(:-o) Stimmt. Die Geschichte geht nicht rückwärts. Aber wir wollen uns auf Werte besinnen, die in den letzten dreihundert Jahren zu kurz gekommen sind. Unser Verstand, unser Können und der ganze Aufwand haben sich einseitig dem materiellen Nutzen von fast Allem zugewandt. René Descartes sprach den Tieren eine Seele ab. Tiere wurden zu Dingen herabgestuft. Jetzt haben wir die Massen-Tierhaltung. In Spanien wurde den Indios ihr Menschsein abgesprochen. Das geschah zur Zeit der Eroberer durch ein Gerichtsurteil. So konnte man die Indios nach Belieben ausbeuten oder straflos töten. Die Mächtigen haben die Ohnmächtigen verdinglicht. Aber sie lassen außer Acht, dass sie damit auch ihrer eigenen Seele schaden!
In unserer Zivilisation wurde in den letzten drei Jahrhunderten unser inneres Menschsein, die immateriellen Bedürfnisse des Lebens, Liebe, Verbundenheit und Güte fast vergessen und in ein Schattendasein gedrängt.
Auf diese Weise ist das Streben nach technischem Fortschritt geistlos geworden.
Weil das Streben nach seelischer, geistiger und ethischer Entwicklung anscheinend viel weniger Macht und Geld einbringt, wird es wenig gefördert, gar unterdrückt.
Die Ich-Revolution bringt eine Umkehrung dieses Zustandes, denn der Mensch ist frei, sein Streben selbst zu bestimmen.

(:-/) Gibt es denn schon durchdachte Entwürfe für das Umschwenken auf den Kurs des ethischen Fortschritts?

~:-o) Ja, mehrere. Ein gutes Beispiel dafür ist das Leben und ist das geistige Vermächtnis von Albert Schweitzer. Zuerst hat er Theologie studiert und schrieb ein Buch über die Leben-Jesu-Forschung.

Dabei wurde ihm zutiefst innerlich klar, dass er den spirituellen Impuls durch Jesus von Nazareth nur durch tätiges Helfen für andere ausleben kann. So wechselte er von der Theologie zum Medizinstudium, wurde Arzt und gründete das Krankenhaus in Lambarene in Afrika.

Bei aller Arbeit, die Kranken dort zu behandeln und das Krankenhaus zu bauen, hatte er noch Zeit und Kraft, gründlich philosophisch zu denken und Vorträge und Schriften zu verfassen. Sie bewegen sich im Grenzbereich zwischen Spiritualität und Philosophie.

Weltberühmt geworden ist er durch seine Ethik der **„Ehrfurcht vor dem Leben".** Wir können eine **Grundhaltung der Liebe zum Leben** darunter verstehen.

Er stellt fest: Die Gewalt, die scheinbar so mächtig daherkommt, erzeugt Gegen-Gewalt. So schwächen sich die Kontrahenten gegenseitig, schlimmstenfalls bis bei beiden alles zerstört ist und sie aufhören m ü s s e n . Die gegenseitige Liebe stärkt alle Beteiligten und lässt sie gedeihen. Sie kann unendlich wachsen. Deshalb ist sie viel stärker als die Gewalt.

Seine Ehrfurcht vor dem Leben schließt auch die Tiere mit ein.

Gleichzeitig ist ihm sehr wichtig, dass seine Ethik nicht nur auf Gefühlen aufbaut, sondern ebenso auf der Vernunft.

Er will nicht als Natur-Romantiker missverstanden werden. Er erschafft denkerisch einen völligen Neuansatz und berücksichtigt dabei die Denker der Aufklärung und des Humanismus. Die Aufklärung richtete sich gegen Aberglauben, der das Selber-Denken einschränkt und zeigte Richtlinien für klares Denken auf.

Aufklärerisches Denken h e u t e muss die tieferen Gründe für Angst und Gier untersuchen, die den Militarismus und den Konsumismus antreiben. Dazu gilt es Wege erforschen, uns davon zu befreien und ein tieferes Lebensglück zu finden als in den materiellen Dingen.

Albert Schweitzers Denken geht davon aus, dass des Menschen Geist und sein Herz sich im Grunde nach dem Guten sehnt. Wenn wir also denkerisch durchdringen, was ethisch dem Leben dient und es uns wirklich zu Herzen nehmen, dann werden wir das Gute auch tun. Darin besteht auch sein Neuansatz in Bezug auf den Humanismus. Er verlangt einen Humanismus der Tat! Den Humanisten müssen wir an seinem eigenen Handeln messen können. Das hat Albert Schweitzer schließlich vorgelebt.

Lassen wir ihn hier selbst zu Wort kommen:

+*+*+   „Ein schlichter Wegbereiter dieser Renaissance der Ethik möchte ich sein und den Glauben an die neue Menschheit als einen Feuerbrand in unsere dunkle Zeit hineinschleudern.“

~:-o) Diese Worte können den notwendigen inneren Wandel auf der Schwelle in das Dritte Jahrtausend einleiten.

Wir verabschieden uns für heute nachdenklich und still voneinander.

Zur Weiterarbeit

- Erich Fromm: „Die Kunst des Liebens“

- Erich Fromm: „Humanismus als reale Utopie“.

- Claus Günzler „Albert Schweitzer – Einführung in sein Denken“.

- Harald Wallach: „Spiritualität – Warum wir die Aufklärung weiterführen müssen“.

Die Stimme aus dem Feuer

- EINKEHREN -

5. Session: Selbsterkenntnis

Heute sind wir im Regen den Schotterweg zu Onkel Mo's Naturstein-häuschen herauf gekommen. Wir hängen die nassen Sachen auf, machen es uns am runden Tisch gemütlich und bekommen einen Espresso. Das Holzfeuer bullert im Kamin.

(:-o) Nun sind ein paar Tage vergangen, seit ihr euch mit der Schreibmeditation zurückgezogen habt. Möchtet ihr erzählen, wie es euch damit ergangen ist?

(:-/) Ja, mir ist dabei klar geworden, wie ich in Stress geraten bin. Ich bin Fahrlehrer und betreibe eine kleine Fahrschule. Vor Kurzem habe ich mir einen zweiten großen Wagen, einen „Esjuwie" angeschafft. Die 18-Jährigen wollen besonders in den Ferien und im Urlaub ihren Führerschein erwerben. Da musste ich von morgens bis spät abends neben den Fahrschülern sitzen. Da fand ich das höhere Auto wegen der erhöhten Sitzposition gesünder für meinen Rücken. Na ja, man findet immer einen scheinbar vernünftigen Grund. Wenn ich aber ehrlich bin, gefällt mir der „Esjuwie". Er zeigt nach außen einen gehobenen Stil meiner Fahrschule und bringt mir ein gutes Image. Weil ich nun so viel Stress hinter mir hatte, wollte ich mich dafür belohnen und mir einen zweiten „Esjuwie" gönnen, natürlich auf Kredit. Dafür kann ich für einige Stunden pro Woche einen zweiten Fahrlehrer einstellen. Dann können wir „tüchtig Umsatz" machen. So dachte ich. Aber nun beklage ich mich, dass ich so viel Stress habe und so wenig Freizeit.

(8-0> Der Schlüssel zum Verständnis der Misere ist wohl, dass du dich für Stress mit einem teuren Konsum-Objekt belohnen wolltest. Das Glücks-Gefühl hat nur kurz angehalten, als der schicke, neue Wagen vor der Tür stand. Danach folgt neuer Stress aus dem Zwang, den Kredit abzuzahlen. Das macht es dir schwer, den Leistungsdruck zurückzunehmen. Ich wünsche dir von Herzen, dass du einen Ausweg findest.

~:-o) Ich denke, dass du nicht der Einzige bist, der in diese Falle tappt. Das ist vielmehr typisch für unsere Konsum-Gesellschaft. Das Verführerische am Kaufwunsch wird durch eine wichtige psychologische Erkenntnis deutlich. Das Belohnungszentrum im Gehirn reagiert schneller auf eine kurzfristige, unmittelbare Freude, die sich jemand zu gönnen meint. Auf einen **Reiz** folgt direkt die **Reaktion**, ohne an später zu denken. Es kommt also auch hierbei darauf an, eine **L ü c k e** der Besinnung zu schaffen zwischen dem Reiz, sich durch einen Kauf ein direktes Glücksgefühl zu verschaffen – und der Reaktion, den Kauf tatsächlich zu tätigen.
Es muss keinen sauren Verzicht bedeuten, es bleiben zu lassen. Es hebt die Lebens-Zufriedenheit mit der besseren Belohnung, dass die Betreffenden dann mehr Ruhe und Zeit haben, was dauerhafter ist und tiefer geht. Das ist eine große Veränderung!
Zeit-Wohlstand ist die neue Belohnung
Bei dir, Nögg, leider erst beim nächsten Mal.

(8-0> Aus der Verhaltensforschung wissen wir, dass soziale Anerkennung als Verstärker für gewünschtes Verhalten wirkt. Bisher wird vor allem bewundert, was sich jemand leisten kann. Wir könnten ja anfangen, uns gegenseitig dafür auf die Schultern zu klopfen, was wir abschaffen oder bleiben lassen, und gleichzeitig sollten wir das stolze Vorzeigen gekaufter Errungenschaften schweigend übergehen.

(:-/) Das hätte ich als sehr unfreundlich mir gegenüber gefunden!

~:-o) Mag sich nun jeder von uns fragen, welche nicht materiellen Bedürfnisse einem persönlich den dauerhaftesten und tiefsten Sinn geben: Zeit für sich selbst haben – gemeinsam Natur erleben – Kunst und Kultur – Beziehungen pflegen und vieles mehr …

(:-o) Mir ist bei der Schreibmeditation aufgefallen, dass ich ziemlich empört bin über machtlüsterne und geldgierige Personen, dieses eine Prozent der Reichsten. Die sehe ich als Haupt-Verursacher für Ungerechtigkeit und Kriegstreiberei, an denen die arme Hälfte der Welt-Bevölkerung leidet.
Sie sind hyper-reich, bleiben aber meist im Hintergrund und scheren sich wenig darum, welche Schäden sie verursachen und welche Gefahren sie für die Menschheit heraufbeschwören - Hauptsache, sie machen Profit.
Ich kann Revolutionäre verstehen, die „solche Typen" als **Feindbilder** haben. Bei der Französischen und der Russischen Revolution war es der Zorn auf die Adeligen. Aber ihre gewaltsamen Umstürze haben andere, ebenso rücksichtslose Machthaber nach oben gebracht. Heute ist der Geldadel noch viel reicher. Er treibt Entwicklungen voran, die sein Geld vermehren und seine Macht vergrößern. Damit verschlimmert er die Krisen. Kurz gesagt, bin ich nicht frei davon, Feindbilder zu haben und auf sie wütend zu sein.

(8-0> Dein Zorn ist verständlich. Du willst ihnen ja nicht persönlich an die Gurgel. Zorn kann ein kräftiger Antrieb zum Handeln sein. Dieser Geldadel ist ja auf Grund bestehender Gesetze so reich. Ja, es ist so, dass sie auf die Gesetzgebung mehr Einfluss haben als die Mehrheit der Bevölkerung. Das untergräbt die demokratische Grund-Regel, dass alle Macht vom Volk ausgeht.
Die Mehrheit kann die Macht zurück gewinnen. Das geschieht dann, wenn sie sich für Ziele begeistert, die eine friedliche und gerechte

Zukunft schaffen, im Einklang mit der Natur. Es kommt also darauf an, die Energie d a f ü r einzusetzen anstatt gegen „die da oben" zu kämpfen.

~:-o) Ja, so wirkt die Ich-Revolution. Menschen wissen zutiefst, wofür sie ihre Leidenschaft, ihre Kreativität und ihre Kraft zum Handeln einsetzen wollen und stecken andere an. Dann wird die bisherige Richtung, die die Zukunft zerstören würde, umgekehrt in Richtung gutes Leben für alle.

(8-0> Mir ist das zu einfach, wenn ihr euch nur darauf konzentriert, wofür ihr seid und was ihr positiv erreichen wollt. Zu einer ehrlichen Selbst-Erkenntnis gehören auch meine Feindbilder. Mir ist auch wichtig zu verstehen, warum ich manche Menschen und ihre Art ablehne, mich gar über sie aufrege, zum Beispiel über solche, die sich mit ihrem Reichtum wichtig machen. Aber kann ich sicher sein, dass ich mich anders verhalten würde, wenn ich bei Reichen aufgewachsen wäre? Wie die meisten Menschen neige ich dazu, mich selbst positiver einzuschätzen als die anderen. Vor allem Verhaltensweisen, die ich bei mir selbst ablehne, nehme ich bei mir selbst kaum wahr. Um so deutlicher sehe ich sie bei anderen und ärgere mich, wenn sie mich damit konfrontieren.

+*+*+ Was siehst du den Splitter in deines Bruders Auge und nimmst den Balken in deinem Auge nicht wahr? ... Du Heuchler, zieh zuerst den Balken aus deinem eigenen Auge! (Jesus von Nazareth, Matthäus 5,7)

~:-o) So neu ist diese Selbst-Erkenntnis also gar nicht. Sie ständig zu üben, fördert den Frieden! Sie fängt bei den Mitmenschen an, die mir direkt begegnen. Ganz besonders bei denen, die mir unangenehm auffallen. Stören sie mich deswegen, weil sie etwas an sich haben, was ich bei mir selber nicht mag? Erlauben sie sich etwas, was ich mir selbst verbiete? Wenn ich mir das klar mache und solche **Projektionen** zurücknehme, machen sie mich bald nicht mehr wütend.

Das ist schon im nahen Umfeld schwierig, Daran können wir ermessen, dass ganze Gruppen, Völker und Glaubensgemeinschaften oft noch stärkere Ressentiments gegeneinander hegen. In der einen Gesellschaft gibt es jeweils abschätzige Urteile über die Mitglieder der anderen. Wenn ich mich davon beeinflussen lasse, verstärkt das meine Ablehnung anderer Menschen. Dann besteht die Übung darin, sich von keiner Seite vereinnahmen zu lassen und in den angeblichen „Feinden" die Mitmenschen zu erkennen.

(:-o) Wer seine eigenen Fehler nicht mehr bei anderen sucht, wer eine verstehende Haltung zu allen Menschen einnimmt, kann Frieden halten. Erst wer weder ein Idealbild von einem Menschentyp hat noch ein verallgemeinerndes Negativbild, wird widerstandsfähig gegen Feindbild-Propaganda sein.

Achten wir darauf, wie dort Feindbilder in unseren Köpfen erzeugt werden. Das fängt tatsächlich bei den Bildern an! Wer den Interessen der eigenen Seite gerade im Wege ist, kommt mit unsympatischen Bildern auf düsterem Hintergrund in das Fernsehen und auf die Titelbilder der Nachrichten-Blätter. In den Schlagzeilen und Berichten wird ausführlich und negativ wertend über die wirklichen oder erfundenen Missetaten der jeweiligen Gegner berichtet. Das Fehlverhalten der eigenen Seite wird entweder verschwiegen, oder es wird beschönigend „erklärt". Je näher ein Krieg rückt, desto mehr wird die Wahrheit verbogen.

Dem Frieden dient, wenn genügend Menschen wachsam die Manipulationen durchschauen, den Überblick gewinnen und leidenschaftlich für die Wahrheit und den fairen Ausgleich der Interessen eintreten.

~:-o) Solche Selbst- und Fremdbilder werden oft durch klischeehafte Aussagen über lange Zeit vermittelt, Ständig wiederholt, werden sie zu Überzeugungen. Mir selbst wurde während der Schreibmeditation bewusst, welche

Grund-Überzeugungen

ich habe, mit denen ich in dieser Gesellschaft aufgewachsen bin. Sie wurzeln tief. Schon in meiner Familie galt von der Kindheit an die Überzeugung **„Bringe viel Leistung, dann kannst du dir auch viel leisten"** - in vielen Bereichen unseres Lebens. Die sind für die allermeisten von uns von den Rhythmen und Anforderungen der Industrie-Gesellschaft vorgegeben. Diese **entfremden** uns von den eigentlichen seelischen Bedürfnissen, der Sinnhaftigkeit der Arbeit und von allem Lebendigen und Schönen in der Natur.

Diese Art zu leben wird in allen Industrie-Gesellschaften als selbstverständlich vorausgesetzt. Bereits die Schule ist davon geprägt.

So wie ich es schon als Kind erlebt habe, so sehe ich es heute bei meinen Enkeln. Der Unterricht beginnt wie in der Fabrik sehr früh am Morgen. Das zu vermittelnde Wissen ist in Fächer aufgeteilt, die im 45-Minuten-Takt meist unzusammenhängend aneinander gereiht werden. Das Gelernte wird abgefragt, die korrekte Wiedergabe wird mit Schulnoten bewertet. Das nimmt den Lernenden oft die Freude, das ursprüngliche Interesse an der Sache selbst und unterwirft sie dem Leistungsprinzip. Zudem fördert es die Konkurrenz untereinander.

Kinder sind von Natur aus wissbegierig, aber der Leistungsdruck treibt den meisten die Freude am Lernen aus. Die ganz eigenen Begabungen und Interessen der Lernenden, selbstbestimmte, kritische Fragen werden selten gefördert. Zum Glück gibt es Lehrerinnen und Lehrer, die in dem vorgegebenen Rahmen trotzdem versuchen, auf jede Schülerin oder Schüler persönlich einzugehen und zum eigenständigen Denken anzuregen. Aber solange das System der Belohnung durch gute Noten und der Demütigung durch schlechte besteht, werden die Kinder früh vorgeprägt für ähnliche Klassifizierungen in den Fabriken, den Gehaltsstufen und Dienstgraden. Als spätere Belohnung wird in Aussicht gestellt, einen Beruf zu ergreifen, gut zu verdienen, sich in der Freizeit Konsumwünsche zu erfüllen und einer gehobeneren Schicht anzugehören.

(:-/) Diese Prägung ist ungeheuer wirksam. Für diejenigen, die in diesem System voran kommen und es zu Wohlstand und Ansehen bringen, ist es sogar sehr attraktiv. Sie können sich mit einem – manchmal trügerischen – Selbstbewusstsein sagen: „Ich habe es geschafft. Ich habe es verdient, mir leisten zu können, was mir gefällt." Ich selbst fange gerade erst an, diese Haltung infrage zu stellen.

~:-o) Eine weitere Grundüberzeugung ist, dass **Wettbewerb und Konkurrenz** für Industrie und Wirtschaft und damit für den Fortschritt als zentral wichtig gelten. Damit werden Mitmenschen jedoch zu Rivalen; statt eines Miteinanders wird ein Gegeneinander gefördert.
Ein Gefälle entsteht zwischen denen, die mehr leisten und denen, die angeblich weniger leisten – oder mit anderen Fähigkeiten begabt sind, als die Industrie-Gesellschaft braucht.
Dadurch bildet sich eine gesellschaftliche Stufenleiter, auf der einzelne aufsteigen können oder absteigen müssen oder gar herunterfallen.
Auf welcher ein Mensch leben kann, wird oft auf sehr unfaire Weise bestimmt.
Durch das Konkurrenz-Denken verkommt das ursprünglich gesunde Bedürfnis nach freundlichem Angenommen-Sein zu einem destruktiven Geltungsdrang mit dem inneren Kommando: „Ich muss so clever sein wie die anderen, am besten cleverer, dann steige ich auf und werde anerkannt." Dieses Prinzip hat schon in meiner Jugend gegol-

ten und setzt sich bei meinen Enkeln fort. So viele handeln danach. Es ist an der Zeit, es umzukrempeln.

(8-0> Eine weitere Grundüberzeugung ist ein **Bewusstsein von Mangel**.

Viele von uns sind nicht schon dann zufrieden, wenn der Bedarf an Essen und Trinken, Kleidung, Wohnung und gesellschaftlicher Teilhabe hinreichend vorhanden ist. Jedoch gäbe es mit einem genügsamen Lebensstil weniger Ungerechtigkeit und Kriege.

+*+*+ **„Wie reich machen mich alle Dinge, die ich nicht benötige."** (Franz von Assisi)

Damit zufrieden zu sein, einfach als Mensch zu leben und als Mensch einfach zu leben – das wäre für viele eine Umkehr um 180 Grad!

Von den Gering-Verdienern spreche ich hier ausdrücklich nicht. Die Armen leiden tatsächlich darunter, dass ihr Einkommen nicht für den Grund-Bedarf reicht, auch im Westen. Aber für Durchschnitts-Verdiener und darüber kommen künstliche Bedürfnisse hinzu. Sie werden teils von der Werbung erzeugt und dienen dem Komfort, oder man glaubt, im Lebens-Standard der eignen Gesellschafts-Schicht mithalten zu müssen.

Besonders diejenigen, die in die Vorzüge eines gehobeneren Lebens-Standards hineingewachsen sind, sind der Überzeugung, dass die **Sicherung des Erreichten notwendig ist.** Global gesehen ergibt sich aus dem Bedürfnis nach Sicherheit der Rohstoff-Versorgung, der Handelswege und der Absatzmärkte die Scheinlogik, diese ökonomischen Notwendigkeiten militärisch sichern zu müssen. Sie beruht auf **Angst und Misstrauen.** Hier zeigt sich die aggressive Schattenseite unserer Lebensweise. Die Wirtschafts-Mächte verschaffen sich durch Androhen oder Ausüben von Gewalt Privilegien und Vorteile. Folgerichtig ergibt sich daraus die Dynamik der gegenseitigen Aufrüstung mit immer mehr und immer schrecklicheren Waffen. Letztlich droht das Recht des Stärkeren das zivile Recht fairer Verträge immer mehr zu verdrängen.

JedeR von uns hat als BürgerIn die Möglichkeit, dazu Stellung zu beziehen!

(:-/) Die Meinungsführer in Wirtschaft und Politik beeinflussen uns aber über die Medien. Zur Manipulation missbrauchen sie raffiniert Erkenntnisse der Sozial-Psychologie. Eine der wirksamsten wird im Volksmund **Radfahrer-Mentalität** genannt: „Nach oben buckeln, aber nach unten treten". Sie beruht auf Autoritäts-Problemen. Viele Menschen fühlen sich ohnmächtig, gegen diejenigen in den Führungs-Etagen, unter denen sie leiden, etwas zu unternehmen. Dann **verschieben** sie ihren Zorn auf diejenigen, die noch weiter unten auf der gesellschaftlichen Stufenleiter leben, so etwa auf Sozialhilfe-Empfänger oder Geflüchtete. Auch diese Verschiebung läuft unbewusst ab. Die Meinungs-Macher verstärken sie in den Medien und benutzen sie, um den Ärger und die Wut im Volk so umzulenken, dass es den Herrschenden nützt.

~:-o) Mir ist immer deutlicher klar geworden, wie wichtig es ist, diese Grund-Überzeugungen und verkehrten Einstellungen in mir zu löschen.

(8-0> Dazu verhilft ein fester Entschluss zur Selbst-Erkenntnis und Selbstarbeit auf diesem Wege. Bei meiner Schreibmeditation entdeckte ich bei mir, dass ich stark an positiven Entwicklungen zweifle. Ich fand, dass es viel zu Wenige sind, die ihr Leben anders einrichten wollen und es auch tun. Sie wirken bisher in kleinen Nischen, mit wenig Wirkung auf die Allgemeinheit. Das macht mich manchmal mutlos, ob mein Einsatz wirklich etwas bessert.

=ß-o) Aber seit Neuestem wachen doch immer mehr junge Leute auf und erkennen, dass sie ihre Zukunft erkämpfen müssen. Freitags schulstreikende SchülerInnen gehen auf die Straßen und Plätze und skandieren:

„Wir sind hier und wir sind laut, weil ihr uns die Zukunft klaut!" So erzeugen sie große Aufmerksamkeit, endlich! Bis jetzt erfolgt aber kein Umsteuern der Verantwortlichen in Politik und Wirtschaft, das ihnen mehr Zuversicht geben könnte.

Immerhin machen sich so viele junge Menschen „Fridays for Future" auf den Weg, dass es viel mehr ist als eine „Nische".

Viele von uns Erwachsenen unterstützen sie.

~:-o) Wichtige Anregungen kommen aus Tiefen-Erfahrungen in der Natur. Alternative Landwirte und Förster berichten davon. In der Natur herrscht nicht so sehr das Konkurrenz-Prinzip, wie es die übliche Lehrmeinung darstellt.

Vielmehr ist dort gegenseitige Unterstützung,
ein Gleichgewicht der Kräfte
und ein vollständiger Kreislauf von Werden und Vergehen
zu beobachten.

Selbst wo die Natur grausam erscheint im Fressen und Gefressen-Werden, dient es dem Gleichgewicht, so dass keine Art die Oberhand gewinnt und den anderen Arten keinen Platz mehr lässt.

Das ist auch der Grund dafür, dass in den Monokulturen sogenannte „Schädlinge" auftreten, die ja von der Natur geschaffen wurden, um das Gleichgewicht zu erhalten. Die müssen dann mit Chemie bekämpft werden, die Menschen und Tiere krank macht.

Kooperation und Gleichgewicht, das sind ebenso die Grundlagen für die zukünftige Gesellschaft. Die Industrie und die Wirtschaft bekommen darin nur noch eine dienende Funktion zugewiesen.

Das zu erreichen, bedeutet eine Umkehrung der bisherigen Verhältnisse. Sie wird nur stattfinden, wenn ihr eine seelisch-geistige Revolution vorausgeht.

Das bedrückende Leistungsprinzip wird durch eine sinngebende Tüchtigkeit ersetzt.

Menschen werden glücklich, wenn sie ihre Begabungen entwickeln und ihrer Berufung folgen können, um dem Gemeinwohl zu dienen. Der Anreiz eines höheren Komforts in einer „höheren" Gesellschaftsschicht spielt dann nur noch eine untergeordnete Rolle.

Onkel Mo hat einen Imbiss vorbereitet und schenkt uns italienischen Rotwein ein. Wir stoßen auf unsere weiteren Vorhaben an.

(:-o) Mo, wir danken dir für deine Gastfreundschaft. Du hast unsere Einkehr zur Selbst-Erkenntnis sehr unterstützt. Auch die stille Schönheit der Landschaft und die Abgeschiedenheit haben uns den Freiraum gegeben, in uns zu gehen und uns neu zu besinnen.

Für vier weitere Sessions wollen wir uns in Freiburg treffen, wo es viele geistige und praktische Neuansätze gibt. Es ist aber auch eine Großstadt mit ihren typischen Problemen und Möglichkeiten.

Dort wollen wir weiterarbeiten. Wir wollen feststellen, wie die innere Einkehr und Selbsterkenntnis den äußeren Umbruch der Gesellschaft vorbereiten kann.

~:-o) Wir laden dich nach Freiburg ein, Mo. Wirst du kommen?

(8-0> Ja, ich bin schon gespannt und freue mich darauf!

Darauf stoßen wir noch einmal an und verabschieden uns voneinander – tief bewegt …

Zur Weiterarbeit:

- Roger Walsh: „Überleben – die psychologischen Grundlagen der globalen Krisen und Wege zu ihrer Überwindung".

- Erwin Thoma: „Strategien der Natur – Wie die Weisheit der Bäume unser Leben stärkt".

- Joachim Bauer: „Selbststeuerung – die Wiederentdeckung des freien Willens".

Anleitungen zum Üben

Zur 1. Session: AMI – der große Freund

A - ATEM *– Du suchst einen Platz in deiner Umgebung auf, wo du es so ruhig wie möglich hast. Dort sitzt du auf einem Stuhl oder auf einem Meditationshocker, gut aufgerichtet. Verneige dich auf deine Art vor den Guten Mächten, die unendlich größer und tiefer und weiser sind als du selbst. Spüre eine Weile dem Rhythmus deines Atems nach. Du versuchst nicht aktiv, die Atem-Bewegung zu verändern. Du nimmst sie einfach wahr. Du bleibst aufmerksam für dieses EINE, deinen Atem zu erleben. Wenn sich dir Gedanken aufdrängen, stelle ruhig fest:*
Gut, das sind jetzt Gedanken – und kehre zum Atem zurück. Allmählich wirst du feststellen, dass dein Atem von selbst ruhiger und tiefer geworden ist.
M – MITTE *– Im Vergleich zur Übung „ami, der Kleine Freund" gehst du nun mit der Aufmerksamkeit wesentlich tiefer. Im Alltags-Bewusstsein befindet sich deine Bewusstseinsmitte wahrscheinlich im Kopf. Du kannst die Augen schließen und mit dem Atem diese Aufmerksamkeitsmitte senken: Vom Kopf zum Hals – vom Hals bis zur Herzgegend – von der Herzgegend bis zum Bauchnabel – und vom Nabel bis zum Gleichgewichtspunkt kurz über dem Schambein. Wenn du mit deiner Aufmerksamkeitsmitte dort ankommst, erreichst*

du einen inneren Zustand der stillen Versenkung.

Um dich noch deutlicher dort zu sammeln, kannst du deine Hände vor diesem Gleichgewichts-Punkt zusammenlegen und ruhen lassen. Weil Körper, Seele und Geist eine Einheit sind, wirst du dich auch deinem seelischen Gleichgewicht annähern, denn deine Körpermitte ist ein Symbolpunkt für die Mitte deiner ganzen Persönlichkeit.

Während du atmend in deiner Mitte bleibst, beobachtest du, wenn deine Gedanken ihre Ketten bilden wollen, aber sie sind nicht in deiner Mitte.

Du beobachtest, dass sie im Kopf sind. Also kannst du sie leichter ziehen lassen, weil du ja jetzt in deiner Mitte bist. Eine Hilfe zur Freiheit von Gedankenketten bietet der Atem und sein Rhythmus. Bleibe in einem Vierer-Rhythmus: Aus – ein – aus – ein – und so immer weiter. Auf diese Weise bleibst du innerlich gesammelt, ohne ein zu formales Zählen.

Du spürst deine Gefühle, vielleicht eines sogar besonders schmerzlich und bedrängend. Auch das ist nicht in deiner Mitte.

Du kannst einen Abstand feststellen zwischen deinem Gefühl und deiner Mitte. Du kannst mit deiner atmenden Aufmerksamkeit frei zur Mitte zurückkehren. Jedoch sind hartnäckige emotionale Schmerzen und Gedankenketten eine Aufforderung deiner Seele zur Klärung und Heilung, eventuell mit Hilfe einer Psychotherapie. Doch zunächst einmal gilt:

Du hast Gedanken, aber du bist nicht deine Gedanken. Du hast ein Gefühl, aber du bist nicht dein Gefühl. Diese ruhig in sich bewegte, lebendige Festigkeit in deiner Mitte – DAS bist DU.

*I – **Innewerden** – Du bist jetzt in der inneren Mitte gesammelt. Nun kann sich Stille in dir ausbreiten. Hinter den Geräuschen, die du jetzt noch wahr nimmst, ist tiefe Stille. Danach erlebe die Stille hinter der Stille. In ihr ist die Stille des Geistes.*

Lass sie sich in dir ausbreiten und verweile darin.

Du bist in ihr und sie ist in dir.

In inspirierten Momenten kannst du das Licht und die Liebe in dir erleben, die im Innersten jedes Menschen wohnen.

Verneige dich zum Abschluss der Meditation noch einmal, lasse die

Stille in dir nachwirken. Wenn du dann aufstehst, strecke und dehne Arme und Schultern und nimm die Außenwelt wieder in festen Blick.

Zur 2. Session: Die Körperreise

Diese Übung kannst du sitzend oder im Liegen ausführen, am besten mit geschlossenen Augen. Atme ruhig wie schon bei den vorher beschriebenen Atemübungen.

Gehe nun mit deiner Aufmerksamkeit zum rechten kleinen Zeh. Atme dabei zu ihm hin. Also sagst du dir innerlich: „Ich gehe jetzt z u m rechten kleinen Zeh, und jetzt gehe ich d u r c h den rechten kleinen Zeh". Spüre, wie er dir auf deinen Besuch antwortet. Dann gehe auf die gleiche Weise durch die mittleren drei rechten Zehen, bis du sie spürst und dann durch den rechten großen Zeh. Dann sage zu dir: „Ich gehe jetzt durch die rechte Fußsohle." Taste dich in ihr so langsam voran, dass du an jeder Stelle fühlst, dass du dort b i s t, bis du bei der Ferse ankommst.

Dann: „Ich gehe jetzt durch den rechten Fußspann" … bis du die beiden Fußknöchel erreichst und spüre sie.

Gehe langsam weiter durch den rechten Unterschenkel, fühle die Wade und das Schienbein und danach das Kniegelenk. Wandere durch das Kniegelenk weiter durch den rechten Oberschenkel und komme im rechten Hüftgelenk an. Sage dir: „Ich erlebe jetzt mein rechtes Bein von innen."

Vergleiche nun, wie sich dein rechtes Bein von innen anfühlt im Vergleich zum linken. Dann wiederhole die innere Wanderung durch das linke Bein, angefangen vom kleinen Zeh bis zur Hüfte. Dann erlebe dasselbe im rechten Arm und im linken Arm, beginne mit dem rechten kleinen Finger bis zur rechten Schulter, gehe dann zum linken kleinen Finger und komme bei der linken Schulter an.

Sprich innerlich zu dir: „Ich erlebe meine beiden Beine und Arme von innen..."

Gehe dann mit deiner Aufmerksamkeit zum Beckenboden und atme dorthin. Nachdem du etwas dort verweilt hast, wandere weiter bis zum Unterbauch und fühle dort hinein. Atme dorthin und spüre durch dein Inneres bis zum unteren Rücken. Dann wandere weiter zum Sonnengeflecht. Das ist ein Geflecht von Nerven etwa eine Handbreit über dem Bauchnabel. Atme und spüre dort hin und tiefer in dein Inneres bis zum mittleren Rücken. Als nächstes gehst du auf die gleiche Weise zum Herzbereich und zum oberen Rücken.

Wandere weiter zum Hals, durch den Kehlkopf bis zum Nacken – Danach durch Nase, Mund, Wangen, Kiefer und Ohren bis zum Ansatz des Hinterkopfes auf dem Nacken.

Spüre nach. Dann begib dich mit deiner Aufmerksamkeit zur Stirn und durch sie hindurch in den Kopf hinein.

Als letztes gehe zur Wölbung des Schädeldaches. Lasse deinen Atem zu ihr hinfließen, nach oben durch sie hindurch, als ob sie ein offenes Fenster wäre. Durch diese Öffnung lässt du ihn wieder zurückfließen. Er fließt beim Ausatmen durch deinen ganzen Leib bis nach unten zum Damm und beim Einatmen nach oben durch dein Schädeldach-Fenster. Stelle dir eine Atemsäule vor, durch die dein Atem von ganz oben bis nach ganz unten fließt und atme einige Atemzüge in ihr entlang.

Beende die Übung mit einem Dank für die Wunder deines Körpers.

Zur 2. Session: Die Vier-Sinne-Übung

Für diese Übung solltest du möglichst im Freien sein. Du kannst sie im Gehen, Stehen oder Sitzen erleben.

Beginne damit, dich auf alles zu konzentrieren, was du gerade riechst. Es kommt nicht darauf an, die Gerüche im Kopf zu benennen, sondern sie mit der Nase zu erschnuppern. Nimm dir so viel Zeit, bis du immer feinere Nuancen wahr nimmst.

Dann gehe dazu über, dich auf alles zu konzentrieren, was du spürst: Den Windzug auf deiner Haut, Empfindungen von Wärme und Kühle, Weichheit und Festigkeit. Bleibe so lange aufmerksam *dabei, bis du von den Füßen bis zum Kopf von allen Regionen deines Körpers spürst, wie es sich dort anfühlt.*

Als nächstes beschränke dich darauf, auf die Geräusche in deiner Umgebung zu horchen, auf die in der Nähe und auch auf die, die von weiter entfernt herkommen.

Nimm auch die leisen Geräusche intensiv wahr.

Es hat einen Grund, weshalb du als letztes deine Aufmerksamkeit auf das Sehen richtest. Das ist das, was wir am meisten gewohnt sind, wobei oft unsere Blicke über so vieles streifen, ohne wirklich hin zu schauen. Schau dir aufmerksam an, was in deiner Umgebung ist, achte auf Einzelheiten, gucke auch in die am weitesten entfernten Ausblicke, die für deine Augen erreichbar sind. Sie erzeugen eine besondere Ruhe in dir.

Halte dann eine Weile inne und werde dir bewusst, was diese Abfolge der Konzentration auf die verschiedenen Sinne in dir bewirkt.

Dann lasse zwei oder drei deiner Sinne gleichzeitig auf dich wirken.

Du wirst merken, dass du dabei etwas anderes übst, als dich zu konzentrieren – ein 360-Grad-Bewusstsein.

Du hältst dich weit geöffnet und erlebst in dir eine große Bandbreite der sinnlichen Wahrnehmung, riechst und spürst gleichzeitig, und dann wechselst du damit ab, welche zwei oder drei Sinne du zusammen wahrnehmen möchtest.

Beende auch diese Erlebnisse mit einem Dank.

Du kannst das bei vielen Gelegenheiten üben, bei Spaziergängen, in Pausen und unterwegs.

Zur 4. Session: Die Herz-Meditation

Der Herzbereich ist am innigsten mit der Liebe verbunden. Also kannst du dort am leichtesten Liebe fließen lassen. Setze dich in eine aufrechte Körperhaltung, ohne dich dabei zu verspannen und atme tief. Stelle dir im Ausatmen und Einatmen eine Atemsäule vor, die vom Damm am unteren Ende deines Rumpfes bis zum Scheitelpunkt deines Kopfes reicht und lass deinen Atem ruhig auf und ab strömen. Wenn du innerlich zur Ruhe gekommen bist:

Lege deine beiden Hände zusammen auf dein Brustbein, dort wo du hin zeigst, wenn du „Ich" sagst. Dann konzentriere die Bewegung deines Atems dort hin.

Spüre die Wärme, die von der oberen Hand strömt zu der Hand, die auf dem Brustbein liegt. Dann spüre die Wärme beider Hände in deine Herzgegend strömen.

Stelle dir vor, in dieser Wärme strömt die Liebe, die dir bedingungslos zukommt, weil du als geliebter Mensch auf dieser Welt lebst, einfach dafür dass du DA bist.

Lass diesen Strom der Herzenswärme eine Weile in Liebe strömen und bleibe darin.

Wenn du davon erfüllt bist, stelle dir vor, diese Liebe kann nicht bei dir alleine bleiben und lasse sie von da drinnen weiter strömen zu dem nächsten Menschen, der dir lieb ist.

Dann weite diese Liebe aus zu deinem Freundeskreis, zu deinen Verwandten, verweile auch in diesem Kreis.

Lass Liebe zu denen fließen, die du überhaupt nicht magst, ja, ganz besonders zu denen, die dir feindlich gegenüberstehen und du ihnen.

Sende sie in konzentrischen Kreisen weiter zu den Mitmenschen deines Ortes, deines Landes, deines Kontinents, der ganzen Welt, zu Tieren und Pflanzen.

Kehre dann wieder zurück zu deinem eigenen Herzen und bewege noch eine Weile darin, was du gerade erlebt hast und danke dafür – und wenn du gläubig bist, vertraue es der Liebe Gottes an.

Beende die Meditation ganz bewusst mit klarem Blick in die äußere Wirklichkeit.

Vier Elemente, nicht im Gleichgewicht

- UMKEHREN -

Einstimmung: Unvergessliche zwanzig Minuten Busfahrt

(:-)) Zur Mittagszeit stieg ich in den Freiburger Linienbus ein, ging zum Fahrer, sagte: „Zum Bahnhof, bitte!" - und legte ihm das Fahrgeld hin. Er nickte freundlich lächelnd, sagte mir „Guten Tag!", kassierte mit einem „Dankeschön" und schaute mich dabei an, als er mir den Fahrschein reichte. Bisher war mir daran noch gar nichts aufgefallen, als ich weiter in den Bus hinein ging. Eine helle Kinderstimme sagte „Guten Tag!", und ich blickte in fröhliche Kinderaugen. Dann begrüßten mich noch mehr Kinder ebenso nett. Da freute ich mich, grüßte wieder und lächelte.

E t w a s   war hier anders als bei anderen Alltags-Fahrten. Bei der nächsten Haltestelle stieg ein Mann zu, der fragte: „Wo muss ich zum Neuen Rathaus umsteigen?" Der Fahrer erklärte es ihm freundlich und wünschte „Gute Fahrt!" An der nächsten Umsteigehaltestelle verabschiedete er die Kinder per Lautsprecher mit warmer Stimme: „Macht's gut bis morgen, und nehmt eure Sachen mit!" Die Kinder winkten dem Busfahrer beim Aussteigen fröhlich zu. Bevor ich am Bahnhof den Bus verließ, ging ich nochmal zu ihm nach vorn und bedankte mich herzlich.

(8-)> Wunderbar, das berührt mich auch. Ein liebevoller, freundlicher Mensch kann an seinem Platz eine solche Ausstrahlung haben.

Willkommen in Freiburg!

Wir setzen also unsere Sessions in Freiburg im Breisgau fort. Die südlich gelegene Großstadt erstreckt sich zwischen Schwarzwald, Rheinischer Tiefebene und den lieblichen Weinbergen des Markgräfler Landes, mit Blick auf die Schwarzwaldberge, den Kaiserstuhl und die Vogesen.

Die sowohl altehrwürdige als auch moderne Universität prägt Arbeit und Leben vieler Freiburger und den Geist der Stadt wesentlich mit.

So treffen sich viele Bürgerinnen und Bürger zum geistigen Austausch über wichtige aktuelle Themen. Es gibt eine große Anzahl Gruppen von Freiwilligen, die für Menschen in Not, für Frieden oder für Umweltschutz tätig sind.

Für die ersten fünf Sessions traf sich unsere kleine Gruppe in dem toskanischen Dorf Rocca. Für die weiteren kommen wir in dieser noch überschaubaren Großstadt zusammen. Denn wir stellen uns ein allmähliches Angleichen zwischen dörflichem, ländlichem Lebensgefühl und der Lebensqualität in den großen Städten vor. Dazu wünschen wir uns für die Dörfer mehr Vielfalt und Kultur und für die Städte mehr Ruhe und grüne Gärten mit Nähe zu allem Lebendigen.

Die Treffpunkte für die Freiburger Sessions organisiert die Freiburgerin Sophie, teils in ihrem Mietshaus der besonderen Art, teils in ihrem Garten und teils an anderen Orten. Wie schon in Rocca besteht unsere Gruppe (siehe Einleitung des ersten Teils) aus

~:-o) Eva
(:-o) Bervant
(:-/) Nögg
(8-0> Onkel Mo,

und für den zweiten kommt neu hinzu:
=ß-o) Sophie (das = ist ihre Ponyfrisur, das *ß* ist ihre Brille).

(Um die Emoticons zu erkennen, drehe sie um 90 Grad)

- UMKEHREN -

6. Session: Wo um Himmels willen ist die Notbremse?

Inzwischen ist es Spätsommer geworden, Erntezeit, als wir uns in Freiburg wiedersehen. Für den Einstieg haben wir ganz bewusst entschieden, uns an einer verkehrsreichen Ecke der Großstadt Freiburg zu treffen. Das Café Atlantis, das bei Studenten beliebt ist, liegt ganz in der Nähe des Stadttores am Rande der Altstadt. Dort führt eine sehr stark befahrene Fernstraße nahe vorbei.

Sie ist eine wichtige Ost-West-Achse im Südwesten Deutschlands. Zwischen den Häusern und der Fernstraße ist ein schmaler, begrünter Streifen. Dort hat das Café Atlantis tatsächlich Tische und Stühle aufgestellt. Wir nehmen Platz.

Empfindlich geworden, weil wir die toskanischen Treffen in der Ruhe und Schönheit der Natur erlebt haben, setzen wir uns nun dieser Erfahrung aus. Wir sitzen an einer stark befahrenen Kreuzung. Bei grün fahren die meisten Lastwagen die Hauptstraße weiter. Die meisten PKW biegen Richtung Innenstadt ab.

Die Kellnerin kommt, und wir bestellen Getränke.

~:-o) Gerade muss ich an die Vier-Sinne-Übung denken, die wir in der zweiten Session in der Toskana so intensiv erlebt haben. Dabei haben wir uns besonders darauf konzentriert, was wir riechen, fühlen und hören.

(:-o) Lasst es uns doch einfach ein paar Atemzüge lang machen: Uns konzentrieren auf - riechen – spüren – hören – schauen … und jetzt alle vier Sinne zusammen …

… nach einer Weile ...

(8-/> Mir geht's hier gar nicht gut. Hier stinkt's, hier ist Lärm, die Fassaden sind grau von den Abgasen und das alles gleichzeitig.

=ß-o) Und doch lebe ich in dieser Großstadt. Normal würde ich mich zwar nicht gerade hier hinsetzen, aber etwas abgeschwächt nehme ich sie oft als unschön wahr, aber nur wenn ich mir das bewusst mache. Ich bin eben daran gewöhnt.

~:-o) Ganze Lastwagen-Schlangen fahren hier vorbei.. Mir fällt außerdem auf, dass die PKW immer größer geworden sind. In meiner Jugend war der Volkswagen-Käfer ein Mittelklasse-Auto. Heute würde er als Kleinst-Wagen bezeichnet. Daran kann man den ganzen Wachstums-Wahn ablesen.

(8-0> Die Ich-Revolution geht mit der wachen und aufmerksamen Beobachtung der Vorgänge um uns herum einher. Die vielen Lastwagen transportieren Güter, zu großen Teilen ziemlich unsinnig, wie Käse aus Holland in den Allgäu zu bringen und Allgäuer Käse nach Holland in der Gegenrichtung, Im Laden stehe ich vor den Regalen für Obst, Gemüse, Milch und Käse. Die Herkunft der verschiedenen Sorten steht dort angeschrieben. Ich kann mich also für eine entscheiden, welche am nächsten zu meiner Region produziert wurde, um Verschwendung und Schadstoffe zu vermeiden. Die Übertragung dieser wenigen Beispiele auf andere Produkte dürfte uns geistig nicht allzusehr überfordern. Schwieriger ist, meine Begehrlichkeit zu zügeln, meiner Bequemlichkeit einen Ruck zu geben. Ein nächster Schritt wäre, so wenig wie möglich in Supermarkt-Ketten zu kaufen und so viel wie möglich in genossenschaftlich geführten kleineren Läden im Stadtteil. Auch damit, wo wir unser Geld ausgeben oder verweigern, nehmen wir Einfluss auf die Zukunft.

=ß-o) Bei der Übertragung auf den Weltmarkt wird es noch brisanter. jeder nimmt beim Einkaufen am Welthandel teil! Viele Produk-

te, ob Nahrungsmittel, Kleidung, Haushaltswaren bis zur Elektronik, die wir kaufen, wurden mehrmals über weite Strecken transportiert. Die Rohstoffe werden in dem einen Land gewonnen, dann folgen weitere Schritte der Produktion, jedes Mal dorthin, wo die Löhne am billigsten sind, was sowieso ungerecht ist. Jedes Mal werden sie mit Fracht-Flugzeugen oder mit Containerschiffen transportiert. Containerschiffe stoßen sehr viel CO^2 aus und dazu noch fahren sie mit giftigen Ölabfällen und verpesten die Luft und das Meerwasser.

~:-o) Die Gefahren für unseren Planeten sind der Öffentlichkeit seit fast 50 Jahren bekannt! Schon 1973 erschien das Buch „Die Grenzen des Wachstums" von Dennis Meadows und dem Club of Rome. Beim Lesen wurde mir der Widerspruch bewusst, dass die Wirtschaft danach strebt, ständig zu wachsen, wir aber auf einem begrenzten Planeten leben. Ich fing an, mir Sorgen zu machen, ob die Menschheit ihre Lebensgrundlagen erhalten kann. Von der Rohstoff-Förderung an, bei der Produktion, dem Gebrauch, bis zum Wegwerfen der Waren werden Schadstoffe, Gifte und Strahlungen erzeugt, die Lebewesen krank machen. Viele Arten sterben aus.
Unsere Lebensgrundlagen sind saubere Luft, sauberes Wasser, fruchtbare Böden, gesunde Pflanzen und Tiere. Dies alles ist gefährdet, also auch unsere Gesundheit, unser Leben. Das Motto, das mich damals am meisten beeindruckt hat, war:
„Wir haben die Erde von unseren Kindern nur geborgt". Wir scheinen **nicht zu glauben, was wir wissen,** sonst würden wir anders handeln.

(:-/) Anscheinend ändern die meisten Menschen ihre Gewohnheiten erst dann, wenn die Not sie dazu zwingt.
In meiner Stadt-Wohnung mit Balkon kommt sauberes Wasser aus dem Hahn und der Strom aus der Steckdose. Essen als Industrieprodukt und Kleidung aus Sklavinnen-Arbeit ist billig. Außer netten Haustieren sind Tiere in der Wohnung nichts als Ungeziefer. Bei

Klima-Erwärmung kaufe ich mir eine Klima-Anlage. Mülltrennung macht Mühe, aber beruhigt das Gewissen. Gifte in den Acker-Böden, Meere voller Plastikmüll und Artensterben sind abstrakte Nachrichten. Sie kommen in der Zeitung und im Fernsehen vor, aber nicht als persönliche Erfahrung. Änderungen kommen in Gang, wenn sie direkte Vorteile bringen. Ich will mir einfach nicht vorstellen, meine Lebensweise ändern zu müssen, weil sie nicht mehr funktioniert. Seit ich denken kann, läuft das so und kommt mir ganz normal vor. Ein paar Idealisten ändern sich, was im gesamten System wenig bewirkt.

=:-o) Dass es nicht mehr funktionieren könnte, willst du dir nicht vorstellen, sagst du, und dass erst ein gestörter Ablauf Menschen zwingt, sich zu ändern? Es kann aber sehr schnell sehr furchtbar werden, wenn das Versorgungs-System zusammenbricht. Für immer mehr Menschen genügen die Warn-Signale für ein Umdenken. Hast du Kinder?

(:-/) Ja, habe ich auch. Ich habe nur die Ausgangs-Lage von uns BürgerInnen in der Industrie-Gesellschaft beschrieben.

(8-0> In Rocca habe ich so ein Warnsignal für zukünftige Ereignisse erlebt. Dorf-Bewohner boten mir ein Gewehr an. Als ich fragte: ‚Was soll ich damit?‘, sagten sie: ‚Liest du nicht die Nachrichten über die Bankenkrise? Das Wirtschafts-System wird bald zusammenbrechen. Dann kommen marodierende Banden und holen sich von uns Nahrungsmittel mit Gewalt. Darauf bereiten wir uns vor.‘
Ich lehnte dankend ab, aber es machte mich sehr nachdenklich.

Gerade fahren an der Kreuzung die Lastwagen lärmend los und unterbrechen das Gespräch.

(8-0> Puh - jetzt habe wirklich genug davon, hier in diesem Krach und Gestank zu sitzen. Lasst uns gehen.

Wir bezahlen unsere Getränke im „Atlantis" - der Kneipe mit dem Namen einer untergegangenen Zivilisation - und ziehen lieber weiter zu Sofie. Dazu fahren wir ein paar Stationen mit der Straßenbahn bis zum Haus „schwereLos" im Drei-Häuser-Projekt, wo Sophie mit ihren Mann und drei Kindern wohnt. Sie führt uns in einen der kleinen Gemeinschaftsräume, zu dem auch eine Teeküche gehört.

=ß-o) Seid willkommen! Ich freue mich, dass ihr mich an euren Treffen zur Ich-Revolution beteiligt, von der Bervant mir schon viel erzählt hat. Bervant hat einen Büchertisch vorbereitet. Angesichts der Beschreibungen der weltweiten Krisen kann wohl keiner mehr behaupten: ‚Davon habe ich nichts gewusst.'

Auf dem Büchertisch liegen Bücher zu den Themen „Krieg und Frieden im Atom-Zeitalter", „Umweltgefährdung und Umweltschutz" und „Verteilungs-Ungerechtigkeit der Güter". Wir schauen sie uns eine Weile in Ruhe an, um sie in ihrer ganzen Tragweite zu besprechen.

(:-o) Zum ersten Mal in der bekannten Geschichte hat die Menschheit die technischen Mittel, sich selbst von dieser Erde zu vertilgen, und das auf zweierlei Weise: Durch einen atomaren Weltkrieg und durch globale Umwelt-Verseuchung. Die enorme soziale Ungerechtigkeit hängt direkt damit zusammen. Sie baut sich derzeit immer schlimmer auf. Das geschieht innerhalb der meisten Staaten zwischen den extrem Reichen und einem wachsenden Anteil von Menschen in Armut und Elend. Im Weltmaßstab wächst die Kluft zwischen den armen Ländern und den reichen Industrie-Nationen. Diese gefährdet wiederum den Weltfrieden.

Andererseits gibt es auch gute Nachrichten. Unser Planet enthält alle notwendigen materiellen Voraussetzungen für ein genügsames Leben eines jeden Menschen. Die geistigen Voraussetzungen für den Wandel sind in unseren Herzen und Hirnen angelegt. Dadurch können wir den Umgang mit den Ressourcen ändern.

Eine wachsende Zahl von Menschen ist wach geworden. Vielfältige Initiativen mit unterschiedlichen Zielen wurden gegründet. Die meisten beziehen sich auf ein Teil-Problem, arbeiten für den Frieden, setzen sich für den Naturschutz ein oder für soziale Gerechtigkeit.

Die Vernetzung dieser Aktiven und ihre Zusammenarbeit kann ihre Wirkung verstärken und für die Zukunft Hoffnung bringen!

(8-0> Ein schönes Beispiel dafür, wie Vernetzung wirkt, gibt uns die Verwandlung

von der Raupe zum Schmetterling

Der Biologe und Aktivist Nicanor Perlas beobachtete, wie sie im Körper der Raupen vor sich geht. Nachdem die Raupe sich in den Kokon verpuppt hat, bilden sich zwischen den Körperzellen der Raupe erste Zellen, Imago-Zellen genannt, die den neuen Organismus des künftigen Schmetterlings ankündigen. Sie werden vom Immunsystem der Raupe als Fremdkörper bekämpft und die meisten abgewehrt. Einige der neuen Zellen überleben. Auch diese werden weiterhin angegriffen. Die danach überlebenden Imago-Zellen bilden erste Zellgruppen, die die Fress-Attacken der Immunzellen besser überstehen.

Nach der nächsten Angriffswelle bilden die Zellhaufen Cluster, also größere Zusammenballungen. Diese beginnen, bisherige Raupen-Zellen in Schmetterlings-Zellen umzuformen. Von da an, wenn die Cluster sich untereinander durch Fäden verbinden und vernetzen, dauert es nur noch wenige Tage, bis von der Raupe nichts mehr übrig ist und der Schmetterling schlüpft und fliegt.

Für Nicanor Perlas ist dieser Vorgang ein Gleichnis für die prozesshafte Veränderung der Weltgesellschaft. Die Imago-Zellen tragen schon bei ihrem ersten Auftreten den Keim des künftigen Schmetterlings in sich. So ist auch jede Gemeinschaft, die einer friedlichen und gerechten Gesellschaft dient, Vorbotin für das Leben in der Zukunft. Wenn alle diese Gemeinschaften sich verbinden, wird sich die neue Welt-Gesellchaft vom Bisherigen unterscheiden wie der fliegende Schmetterling von der kriechenden, gefräßigen Raupe. Diese Vision macht Mut und gibt Kraft.

(:-o) Die derzeitigen Krisen haben eine lange Vorgeschichte. Wir können ja von unseren eigenen Lebenserfahrungen ausgehen. Nun ist es so, dass Eva, Onkel Mo und ich im oder kurz nach dem Zweiten Weltkrieg geboren wurden, Nögg 1960 und Sophie 1980. So prägten jede und jeden von uns andere Ereignisse. So möchte ich mit unseren frühesten Erinnerungen anfangen …

~:-o) … zu denen gehört, wie ich als Kleinkind mitten in der Nacht aufwache und einen lauten auf- und abschwellenden Dauerton höre, die Sirene bei einem Bombenangriff auf Berlin. Meine Mutter kommt, hilft mir beim Anziehen und bringt einen Wäschekorb. Ich lege mich da hinein, und sie trägt mich hinunter in den Keller. Dort kann ich nicht schlafen, stehe auf und laufe die Kellergänge entlang. Plötzlich kommt aus dem Halbdunkel ein Ungeheuer auf mich zu! Es hat riesige Augen und einen Rüssel. Ich schreie und laufe zu meiner Mutter und verstecke mich voller Entsetzen in ihren Armen. Am nächsten Tag brachte sie eine Gasmaske und sagte, ich solle sie aufsetzen und in den Spiegel gucken.
Da sah ich wieder das Ungeheuer und hatte keine Angst mehr vor ihm.

=ß-) Da war deine Mutter ja wirklich geistesgegenwärtig!

(:-o) Ich erinnere mich, dass die meisten Häuser in unserer Straße zerbombt waren. Ich hatte als Berliner Schulkind immer Angst, wenn ich im Dunkeln an den Ruinen mit den leeren Fensterhöhlen vorbei musste und spürte, dass etwas Furchtbares dort geschehen war. Ich fürchtete, schreckliche Männer könnten dort leben und herausspringen. Aber ich konnte mit meinem Freund darüber sprechen und dann mutiger dort entlang gehen.

Später habe ich dann erfahren, dass viele Kinder im Krieg durch Bomben getötet wurden oder wegen des Krieges verhungert sind.

~:-o) So bin ich auch im zerstörten Berlin aufgewachsen und wollte: „Nie wieder Krieg!" Als ich älter wurde, hatten wir immer wieder Sorge deswegen, wie sich der Ost-West-Konflikt zuspitzte, denn West-Berlin war einer der Haupt-Streitpunkte. Beide Seiten rüsteten atomar auf und hatten bald so viele Atomraketen, dass sie in einem Krieg unseren Planeten unbewohnbar machen können.

1962 – ich war gerade 20 Jahre alt – drohte der Atomkrieg auszubrechen. Russland hatte begonnen, auf Kuba Raketenrampen zu bauen, mit Einverständnis der Regierung Castro. Die USA fühlten sich bedroht, besonders wegen der kurzen Vorwarnzeiten. Sie errichteten eine Seeblockade vor Kuba, um die weitere Anlieferung von Raketen zu verhindern. Es drohte Krieg zwischen den beiden Atom-Mächten, falls US-Schiffe die russischen angreifen würden. Die Welt hielt den Atem an! Ich finde, dass unser Geist überfordert ist, sich das mögliche Ende unserer Zivilisation vorzustellen! John F. Kennedy und Nikita Chruschtschow einigten sich darauf, dass die USA ihre Raketen aus der Türkei abziehen und Russland ihre aus Kuba. - Heute macht die NATO das Gleiche, was sie damals der russischen Regierung wegen Kuba vorgeworfen hat; sie stationiert Raketen in Osteuropa, nahe der russischen Grenze. Die Gefahr eines Atomkrieges ist so nah wie vor 55 Jahren, so als hätten nur Wenige aus der Gefahr der Vernichtung etwas gelernt …

=ß-o) Als Antwort der Zivilgesellschaft auf diese Gefahren entstand in vielen Ländern eine Friedens-Bewegung. Sie äußerte sich in Protestmärschen und Demonstrationen. Namhafte Institute für Friedens- und Konfliktforschung wurden gegründet und entwickelten Strategien für gewaltfreie Lösungen in Konfliktfällen. Ich stelle mir vor, dass wieder mehr Menschen für den Frieden aufstehen und auf die Regierungen Einfluss nehmen, damit sie ihre Politik auf den Frieden ausrichten.

(8-0> Auch mich haben als jungen Mann Kriegsereignisse aufgerüttelt, wenn auch nicht im eigenen Land. Der sinnlose Krieg der USA gegen Vietnam hat eine weltweite Protestbewegung ausgelöst. Sie begann in den USA mit großen Antikriegs-Demonstrationen und weitete sich aus zu einem Aufbruch in neue Formen gemeinschaftlichen Lebens.

Dieses Lebensgefühl eines neuen Zeitgeistes äußerte sich in den USA in der Flower-Power-Bewegung, im Ausstieg aus der aggressiv machenden Leistungs- und Konsumgesellschaft. Diese Welle schwappte auch nach Europa. Junge Menschen hörten die Songs von Woodstock, viele schlossen sich den Protesten an. Besonders StudentInnen protestierten nicht nur, sondern organisierten Aktionen, zunächst gegen autoritäre Strukturen an den Universitäten. Ich las und diskutierte Befreiungsliteratur mit Gleichgesinnten. So erarbeiteten wir Theorien zur Emanzipation des Menschen aus unterdrückenden Verhältnissen. Daraus entstanden Bewegungen, wie junge Menschen sich ihr Leben in größerer Freiheit einrichteten: Mehr Freizügigkeit im Liebesleben, Geringschätzung von Leistungs- und Konsumzwang, Ablehnung von angemaßter Autorität und ein selbstbestimmter Lebensstil für Frauen und Männer, vor allem aber Ablehnung von Militarismus.

Meine Partnerin und ich stiegen nach dem Studium aus der deutschen Gesellschaft aus und kauften uns ein Stück Land in der Toskana, mit zwei kleinen Steinhäuschen ohne Strom- und Wasserleitungen. Geheiratet haben wir nie.

(:-o) In dieser bewegten Zeit haben mich gleichzeitig Berichte über Hunger und Elend in Afrika, Südasien und Südamerika schwer erschüttert. Filme, die verhungernde Kinder zeigten, Beschreibungen der katastrophalen Lebens-Bedingungen in den Slums der Großstädte und der Armut der ländlichen Bevölkerung in den damals sogenannten „Entwicklungsländern der Dritten Welt" rüttelten mich auf.

Wie kann das sein?! So fragte ich mich. Wie kann das sein, dass so viele Milliarden Dollar in eine militärische Maschinerie der Totalvernichtung menschlichen Lebens gesteckt werden, während ein Zehntel davon ausreichen würden, um die Ärmsten dieser Welt mit Nahrung, Bildung, Medizin und auskömmlichen Berufsperspektiven auszustatten?

(8-0> Damals wurden in den Büchern und Zeitungsartikeln die Bevölkerungs-Explosion und zu geringe Entwicklungshilfe als wesentliche Gründe für die große Armut genannt.

Das habe ich zuerst auch geglaubt. Bis mir schmerzhaft klar wurde, z. B. bei der Lektüre der Bücher von Jean Ziegler: Die Armut der Länder der „Dritten Welt" ist wirtschaftlich und politisch beabsichtigt! Die ehemaligen Kolonialmächte weigern sich konsequent, die Länder, die sie ausgebeutet haben, zu entschädigen. Der Forderung nach einem gerechten Ausgleich begegneten sie mit Spott und Hohn. Sie hatten landwirtschaftliche Güter und Bodenschätze ausgebeutet, hatten die Bevölkerung versklavt, brutal unterdrückt bis hin zu Völkermorden. Sie haben künstliche Staaten-Gebilde in schlimmer Armut hinterlassen.

Seitdem nutzen sie das Macht-Gefälle weiterhin, um sie auszubeuten. Das Pro-Kopf- Nationaleinkommen vieler ehemaliger Kolonien beträgt nur etwa EIN DREISSIGSTEL der westlichen Industrieländer. Die reichen Staaten bestimmen die Regeln. So können sie die bis jetzt noch vorhandenen Rohstoffe dort so billig abbauen lassen. Gleichzeitig verhindern sie durch ausbeuterische Kreditverträge, durch Zölle und ungerechte Handelsverträge weitgehend, dass diese Länder ihre Rohstoffe selbst zu Produkten weiterverarbeiten und ihre Bevölkerungen zu mehr Wohlstand kommen. Das betrifft sowohl die Landwirtschaft als auch die industrielle Fertigung. Die Industriestaaten setzen die Privilegien ihrer Vormacht durch, teils mit der Drohung, die Entwicklungshilfe zu kürzen, teils durch illegale Angriffskriege um Öl, Uran und andere Rohstoffe.

(:-o) Dieses extreme Ungleichgewicht erzeugt Unruhen, die sich zu Bürgerkriegen steigern, in den armen und unterdrückten Bevölkerungen. Viele ihrer Regierenden sind korrupt und sind Komplizen der globalen Rohstoff-Konzerne, wirtschaften in die eigene Tasche und kümmern sich nicht um die Armut ihrer eigenen Völker. Viele ihres Broterwerbs beraubten Kleinbauern und Arbeiter versuchen, auszuwandern. So entstehen Migrationsbewegungen, die zu Völkerwanderungen anwachsen.

=ß-o) Doch wollen wir nicht nur schwarz malen. Einiges wurde unternommen, weil die Gefahren erkannt wurden. Müll wird getrennt, das giftige Blei wurde aus dem Benzin genommen, Energie wird mit einem größeren Anteil aus Wind und Sonne erzeugt. Immer mehr Nahrungsmittel werden ohne Kunstdünger und chemische Schädlings-Bekämpfungsmittel erzeugt. Viele Verbraucher sind bereit, mehr Geld für Bio-Ware zu bezahlen.
Einige Programme der Entwicklungshilfe bringen Erfolge. So ist die Kinder-Sterblichkeit weltweit zurückgegangen. Mehr Mädchen besuchen die Schulen und erlernen Berufe. So bekommen sie anstatt schon als 14-Jährige erst in späterem Alter Kinder. So wächst die Welt-Bevölkerung weniger schnell.

~:-o) Nach dem Fall der Sowjetunion und der innerdeutschen Mauer begann mit illegalen Angriffen auf Jugoslawien eine Serie von Krieg und Gewalt. Deutschland war zum ersten Mal nach dem 2. Weltkrieg aktiv an einem Krieg beteiligt. Das war für mich besonders schlimm, weil es unter einer Regierungs-Koalition von SPD und Grünen geschah. Die Grünen waren bis dahin Teil der deutschen Friedensbewegung. Diese wurde gespalten, weil viele der Kriegspropaganda glaubten, die Angriffe dienten den Menschenrechten. Von da an wurde Deutschland in immer mehr weltweite Kriegseinsätze hineingezogen.
Das Ereignis, das mich danach am meisten aufgeschreckt hat, war zum Beginn meiner Studienzeit der 11. September 2001, der Einsturz **dreier** Hochhäuser des World Trade Centers in New York. An-

geblich taten das islamistische Terroristen, die Flugzeuge in zwei Türme des WTC steuerten. Das brennende Kerosin habe sie zum Einsturz gebracht. Sehr viele Menschen wissen gar nicht, dass noch ein drittes Gebäude in sich zusammengefallen ist, weil in den Medien immer nur die Twin-Towers gezeigt wurden. Das Gebäude WTC 7 wurde gar nicht von einem Flugzeug getroffen. Die Brände sollen übergegriffen haben. Bald wurde mir klar, dass es physikalisch unmöglich ist, dass diese mit extrem stabilen Stahlkonstruktionen gebauten Hochhäuser durch Brände zerstört werden können. Sie sind fast im freien Fall symmetrisch auf ihre Grundmauern zusammengestürzt, in nur zehn Sekunden. Das ist nur bei einer kontrollierten Sprengung möglich. So sagen es tausende Physiker in der ganzen Welt, Architekten, Baustatiker und Spezialisten für Gebäude-Sprengung. Sie wollen die Wahrheit über den 11. September herausfinden. Sie tun das stellvertretend für uns alle! -

Wir können aber jetzt schon mit Sicherheit sagen: Die Kriege, die die USA zusammen mit ihren Verbündeten seitdem geführt haben, stehen in keinem völkerrechtlich vertretbaren Zusammenhang mit einem echten oder vermeintlichen Angriff auf die Hochhäuser des World Trade Center von außen.

Die Regierung der USA unter George W. Bush beschuldigte Osama bin Laden, einen Staatsbürger Saudi-Arabiens, den Anschlag vom 11. September geplant und befehligt zu haben. Bin Laden hielt sich in Afghanistan auf, in einem Gebiet, das durch die Taliban kontrolliert wurde.

Die Taliban verlangten Beweise dafür, dass er hinter den Anschlägen steckte. Als die USA-Behörden diese nicht vorlegen konnten, weigerten sie sich, Bin Laden auszuliefern. Sie beriefen sich auf das Gastrecht, das ihnen heilig ist.

Bereits am 7. Oktober 2001, also knapp einen Monat nach den Anschlägen, begannen die USA, Stellungen der Taliban zu bombardieren und Bin Laden zu jagen, unterstützt von der Britischen Armee.

Afghanistan ist eines der ärmsten Länder der Erde, und die Westmächte vergreifen sich an seiner Bevölkerung, die gar nichts mit den Anschlägen zu tun hat. Das ist ein illegaler Krieg, der seitdem andauert und an dem auch Deutschland beteiligt ist. Die Taliban hatten den Mohn-Anbau zurück gedrängt. Seit der Westen dort Krieg führt, blüht der Drogenhandel wieder.

Auch Saddam Hussein, der Diktator des Irak, hatte nichts mit Terroranschlägen zu tun. Das war der Bevölkerung auch nicht zu vermitteln. Deshalb behaupteten die US-amerikanische und die britische Regierung, die irakische Armee sei mit chemischen und biologischen Massenvernichtungs-Waffen ausgerüstet und eine Gefahr für die Weltgemeinschaft. Das war gelogen und nichts als Kriegspropaganda, wie die USA später zugeben mussten.

Die US-Militärpropaganda hämmerte ihren Soldaten ein, dass sie im Irak gegen die Terroristen kämpften, die auch für die Ereignisse des 11. September verantwortlich seien. Auch das war gelogen. In Wirklichkeit ging es um irakische Ölquellen. Die irakische Bevölkerung wurde von schrecklichen Kriegsverbrechen betroffen und lebt seitdem in Armut, Unsicherheit und politischer Instabilität.

Am besten gesichert sind die Ölfelder.

Nach dem gleichen Muster verlief der Beutezug um Erdöl gegen Libyen. Der libysche Regierungschef Gaddhafi wurde, wie zuvor Saddam Hussein, als neuer Hitler dämonisiert. Daraus wurde die Rechtfertigung abgeleitet, Libyen zu bombardieren. Das verstieß gegen das Völkerrecht. Aus dem wohlhabendsten Land Afrikas wurde ein weiterer armer, zerrissener Staat.

Der Westen kann anscheinend nur Kriege gewinnen, aber nie den Frieden!

(:-/) Wodurch aber wird die Menschheit in diesen kollektiven Wahnsinn getrieben? Was erzeugt dieses eklatante Ungleichgewicht, das unser aller Zukunft gefährdet?

Bervant zieht ein paar vorbereitete Blätter aus der Jackentasche und trägt daraus vor.

(:-o) Dazu muss ich euch ein kurzes Referat halten. Die Überschrift lautet:

Folgt der Spur des Geldes. Es stinkt doch!

Um nicht zu ausführlich werden zu müssen, zeige ich euch die breiteste Spur des Geldes in der Gegenwart. Sie beginnt im Juli 1944 in Bretton Woods in den USA.

Die USA waren der größte Kreditgeber für Kriegsanleihen für die zwei anderen westlichen Alliierten Großbritannien und Frankreich. Während des Zweiten Weltkriegs waren die USA zur globalen Macht aufgestiegen, in vieler Hinsicht: Sie hatten die größte Industrie mit Fließband-Produktion, zwei Drittel aller weltweiten Goldreserven und waren die mit Abstand größte Militärmacht. Ihre Fabriken produzierten an den Fließbändern weit mehr, als die US-amerikanische Bevölkerung brauchte. Die USA wollten deshalb Absatzmärkte für den Export schaffen. Um den Welthandel gemäß den eigenen Interessen abzuwickeln, beriefen sie die Konferenz von Bretton Woods ein. Dort wurde beschlossen, den US-Dollar zur Leitwährung der Weltwirtschaft zu machen. Sie wurde durch die Goldbindung des Dollars gesichert. Jeder sollte Dollar wieder in Gold zurücktauschen können, zu 35 US-Dollar je Feinunze Gold. Alle anderen Währungen der Welt wurden zu festen Wechselkursen an den US-Dollar gekoppelt, außer denen von Russland und der Ostblockstaaten. Damit wurde der Dollar zur global mächtigsten Währung, in der der internationale Handel abgewickelt wurde. Anfangs war sie durch Gold gedeckt, doch das konnte nicht lange so bleiben.

Durch das globale Wirtschafts-Wachstum boomte der Welthandel und benötigte eine schnell wachsende Menge an US-Dollar. Die Goldgewinnung konnte damit nicht Schritt halten.

Schon 1971 verkündete der damalige Präsident Richard Nixon die Aufhebung der Gold-Deckung des Dollar.

Seitdem erzeugt die Notenbank Federal Reserve System (FED) ungedeckte US-Dollar aus dem Nichts. Dabei muss man wissen, dass die FED keine staatliche Zentralbank ist, sondern privaten Banken gehört. Das Gesetz zur Privatisierung hatten mächtige Bankiers 1913 im Parlament handstreichartig durchgesetzt, kurz vor der Weihnachtspause, als die meisten Parlamentarier schon in die Ferien abgereist waren. Seitdem haben diese Bankiersfamilien in den USA sehr viel Macht.

Nach dem Ende der Golddeckung können wir die Spur des Geldes zusammen mit der Spur des Erdöls verfolgen. In den 70-er Jahren einigten sich die USA und Saudi-Arabien darauf, den gesamten Ölhandel der Organisation Erdöl exportierender Staaten nur noch in US-Dollar abzurechnen. Das zwang alle Länder, die Erdöl importieren, genügend große Reserven in Dollar anzulegen. Die FED ist die einzige Bank, die berechtigt ist, die nötigen Summen auf den Geldmarkt zu werfen.

So lange das Öl fließt und in Dollar bezahlt wird, kann die FED immer weiter Dollar in den Umlauf pumpen. Allerdings wird der Gesamtbestand an Dollar immer mehr zu einer Blase. Der Staat und die Wirtschaft der USA verschulden sich trotzdem weiter, denn die FED kann ja das Geld für das Abzahlen selbst erzeugen.

Um dieses Privileg aufrecht zu erhalten, tun die USA alles, um die Kontrolle über die Ölfelder der Welt zu gewinnen und die Handelswege zu beherrschen.

Darum musste die NATO weiter bestehen, obwohl das militärische Ostblock-Bündnis Warschauer Pakt aufgelöst wurde. Wollen Staaten, auf deren eigenem Gebieten Erdöl gefördert wird, selbst darüber bestimmen, werden sie von den USA, oft zusammen mit weiteren NATO-Staaten, unter Missachtung des Völkerrechts angegriffen. Die Geld- und die Ölspur ziehen eine B l u t s p u r nach sich. Sie reicht vom Iran über Irak, Libyen bis nach Syrien. Sie schreit zum Himmel!

Die USA und die NATO betreiben die mit Abstand größte Rüstungs- und Militär-Maschinerie der Welt und versprechen sich davon, ihr Geld- und Ölsystem damit stabil zu halten und auszuweiten. Allein mit der Waffenproduktion und dem Waffenexport werden viele Milliarden Dollar verdient. Noch mehr, wenn die Waffen ihr zerstörerisches Werk verrichtet haben und Nachschub produziert wird. -

An der Schwelle zu den 2020er Jahren sehen wir viel feindselige Propaganda gegen den Iran, China, Russland und Venezuela. Diese

Länder sind rohstoffreich, befinden sich aber nicht unter der Kontrolle von USA und NATO.

Auch zwischen der Volksrepublik China und den USA steigt die Spannung. China ist als aufstrebende Wirtschaftsmacht der größte Konkurrent um Erdöl, Erdgas, um Rohstoffe und weltweite Einflussgebiete. Diese Rivalitäten stellen eine hohe Gefahr für den Weltfrieden dar. Daran sehen wir, wie wichtig es für alle beteiligten Mächte ist, mit viel diplomatischem Geschick eine faire weltweite Handelspolitik zu betreiben, die Kriege um Rohstoffe verhindert. Bis jetzt ist es so, dass übermäßige Geld- und Machtgier diesen Weg der Gerechtigkeit blockieren.

Um die Macht des Geldes auf dem aktuellen Stand zu beschreiben, muss ich noch über **das globale Finanzsystem** sprechen, wie es sich seit kurz vor der Jahrtausend-Wende entwickelt hat. An den regulierten Börsenzentren der Welt, noch mehr in staatlich nicht regulierten Handelsplätzen, wird mit Finanzprodukten gehandelt, die Wetten gleichen und der realen Wirtschaft schaden.

Im Jahr 2007 trieb der Ruin der US-Bank Lehmann-Brothers das internationale Finanzsystem in eine Krise. Wir haben es erlebt und tragen immer noch an den Folgen. Wie andere Banken hatten Lehmann-Brothers Baudarlehen vergeben, ohne von den Hauskäufern entsprechende Sicherheiten zu verlangen. Mit der Unterschrift des Käufers erwarb die Bank einen Anspruch auf Rückzahlung, einen Schuld-Titel. Anstatt nun das Risiko, ob der Schuldner zurückzahlen wird, selbst zu tragen, richtete die Bank Investment-Fonds ein und verkaufte die Schuld-Titel in Bündeln.

Diesen Vorgang nennen sie „briefing".

In den Bündeln waren Schuld-Titel mit geringem Rückzahlungs-Risiko zusammengeschnürt mit solchen von hohem Risiko. Diese Bündel nannte die Bank „Investment-Papiere" und verkaufte sie an Bankkunden, die ihr erspartes Geld gewinnbringend anlegen wollten.

(:-/) Wie konnten denn die Banken ihre Kunden dazu bringen, solchen Geld-Schrott zu kaufen?

(:-o) Sie boten hohe Zinsen, ganz einfach.

(:-/) Aber Moment mal! Wenn ich nicht weiß, ob ich mein Geld, das ich anlege, wiederbekomme, nützen mir die hohen Zinsen ja auch nichts.

(:-o) Um solcher berechtigten Skepsis zu begegnen, beauftragten die Banken Rating-Agenturen, die Risiken solcher „Investment-Bündel" zu bewerten. Natürlich bezahlten die Banken die Rating-Agenturen, und diese gaben dafür den Papieren die Bestnote AAA, auch wenn sie Schuld-Titel mit hohem Risiko enthielten. Die Bestnote beruhigte die Kunden. Im Kleingedruckten des Kaufvertrages stand dann, dass der Kunde sein ganzes eingesetztes Kapital verlieren kann, wenn dieses Investment-Papier am Markt seinen Wert verliert. Mit solchen Tricks wurden weltweit massenhaft faule Papiere verkauft. Diese „schmückten" die Bilanzen von Firmen, Banken, Versicherungen, Rentenfonds und Privatanlegern. Als ein sehr großer Teil der Hauskäufer in den USA ihre Baukredite nicht zurückzahlen konnte und die Häuser an Wert verloren, machte 2007 die Bank Lehmann-Brothers bankrott . Dadurch verloren so viele Anleger ihr Geld, dass das ganze Finanzsystem zusammenzubrechen drohte. Damit nicht noch mehr Großbanken pleite gehen sollten, meinten die meisten westlichen Staaten, die Banken mit Steuergeldern und Bürgschaften retten zu müssen.
Nur Island machte vor, wie es auch anders geht. Betrügerische Bankiers und korrupte Politiker wurden davongejagt.
Infolge dieser globalen Finanzkrise wurden 2008 drei sinnvolle Forderungen aufgestellt:
- Den großen Finanzinstituten sollte per Gesetz auferlegt werden, sich in kleinere zu teilen, damit keines mehr das ganze Geldsystem gefährdet.
- Die Banken sollten strikt getrennt werden in den Bereich, der ausschließlich der Realwirtschaft dient und in den Bereich für andere Finanztransaktionen, damit Spekulationen nicht mehr der Gesamtwirtschaft gefährlich werden können.

- Zusätzlich sollte eine Finanztransaktions-Steuer eingeführt werden, um die Spekulation zu verringern und um die Einnahmen sinnvoll zu verwenden.

Alle drei Maßnahmen wurden nicht durchgeführt, weil es den global agierenden Finanz-Instituten gelang, die nationalen Finanzplätze gegeneinander auszuspielen.

Also spekulieren und wetten sie weiter, ob Währungen und Aktien-kurse steigen oder fallen, ob Ernten gut werden oder schlecht, ob Kredite zurückgezahlt werden oder nicht. Inzwischen werden dafür Computer eingesetzt, die automatisch in Sekunden-Bruchteilen kleinste Schwankungen ausrechnen, ob sie Gewinn bringen und die Transaktionen auch gleich ausführen.

Derzeit ist das Verhältnis zwischen dem Wettgeld, das im internatio-nalen Finanzsystem umläuft, dem keinerlei reale Werte zugrunde liegen und dem Geld, das der realen Wirtschaft entspricht: **Dreißig zu Eins!** Dieses Missverhältnis nennt man üblicherweise eine Blase.

Die Fortsetzung der gigantischen Misswirtschaft der Finanzmärkte wird die Blase platzen lassen. Die Finanzpolitik der Staaten und der Europäischen Union muss die Geldmengen auf ihren echten Wert in der Realwirtschaft begrenzen. Das nennt man Vollgeld. Wenn das nicht gelingt, wird das Finanzsystem aus mathematischen, logischen Gründen zusammenbrechen. Nur der Zeitpunkt lässt sich nicht vor-aus berechnen. Also:

Wo um Himmels willen ist die Notbremse?

Die Finanzkrise 2007-2008 führte dazu, dass die Staaten viel Geld für die Erhaltung der maroden Banken ausgaben, das seitdem für Schulen, Lehrer, Krankenhäuser, Straßen, Schienen, Brücken und Hilfen für sozial Schwächere fehlt.

Seitdem ist die Menge des ungedeckten Geldes so gewaltig ange-wachsen, dass die Staatshaushalte bei der nächsten Krise den Zu-sammenbruch nicht aufhalten können.

Auch das in der Real-Wirtschaft verdiente Geld würde dann radikal entwertet werden. Die Menschen, die redlich und gewissenhaft darin gearbeitet haben, werden dann um die Früchte ihrer Mühen betrogen und können in Not geraten. Die Folgen der Finanz-Manipulationen können wir in Griechenland sehen, wo 2018 ein Drittel der Bevölkerung seit der Finanzkrise in existentieller Armut lebt.

Wahrscheinlich ist der Antrieb zur Geld-Vermehrung die Hauptursache für die Ausbeutung der Natur und der Menschen, ebenso für die Kriegs-Treiberei.

Ich sehe da nirgends eine Notbremse in diesem System.

Die einzige Notbremse ist in uns selbst!

Wir können unser Geld ethisch, umweltgerecht und genossenschaftlich verwalten und es so den Finanz-Dinosauriern entziehen.

Still und nachdenklich verabschieden wir uns für heute voneinander.

Zum Weiterarbeiten:

- Jean Ziegler: „Wir lassen sie verhungern – die Massenvernichtung in der Dritten Welt"

- Jean Ziegler: „Der Hass auf den Westen – wie sich die armen Völker gegen den wirtschaftlichen Weltkrieg wehren".

- Fabian Scheidler: „Das Ende der Megamaschine – Geschichte einer scheiternden Zivilisation".

- Fabian Scheidler: „Chaos – Das neue Zeitalter der Revolutionen"

- Thom Hartmann: „Unser ausgebrannter Planet – von der Weisheit der Erde und der Torheit der Moderne".

- Daniele Ganser: „Illegale Kriege – Wie die Nato-Länder die UNO sabotieren. Eine Chronik von Kuba bis Syrien".

- Ernst Wolff: „Finanz-Tsunami – Wie das globale Finanzsystem uns alle bedroht."

- AUFBRECHEN -

7. Session: Auswandern in die Zukunft

Wir treffen uns wieder im Gemeinschafts-Raum im Haus schwere-Los.

=ß-o) Mit Auswandern kann tatsächlich ein Ortswechsel gemeint sein. Es kann aber auch bedeuten, die üblichen Wege zu verlassen und dabei Grenzen zu überschreiten, die wichtige Dinge im Leben bisher geregelt haben. Ein Beispiel ist unser Wohnprojekt. Wir haben es verwirklicht, mit Hilfe vom

Mietshäuser-Syndikat

Vor fünf Jahren ging dieses Neubaugebiet namens Gutleutmatten unweit der Stadtmitte in Planung. Die Grundstücke wurden für die Bauherren ausgeschrieben. Niemand von uns hatte genug Geld, um Wohneigentum zu erwerben oder überteuerte Mieten zu bezahlen. Aus dieser Not heraus haben wir uns von Anfang an gemeinsam dafür stark gemacht, drei Häuser davon in Eigenregie zu planen und zu bauen, um dann Wohnungen darin zu mieten. Wir sind mit Begeisterung dabei! Denn das Grundprinzip ist, private Gewinnerwartung aus der Vermietung von Wohnraum fernzuhalten. Die Statuten des Vereins legen unveränderbar fest, dass die Wohnungen auf keinen Fall auf dem Immobilienmarkt weiterverkauft werden dürfen. So stehen Bauland und Gebäude dem profitträchtigen Immobilienmarkt nicht mehr zur Verfügung. Unsere Mieten werden nicht aufgrund von Marktwert-Steigerungen erhöht.

Das Mietshäuser-Syndikat half uns aufgrund dreißigjähriger Erfahrung mit 130 Projekten in ganz Deutschland, unser Wohnprojekt zu verwirklichen, und es werden ständig mehr. Wir saßen viele Male zusammen, um die notwendigen Schritte zu besprechen, planten mit den Architekten die Gemeinschaftseinrichtungen und die Zuschnitte der Wohnungen für Familien, Einzelpersonen und Wohngemeinschaften. Auch Behinderte integrierten wir in unser Projekt.

Wir lernten uns dabei immer besser kennen und sind jetzt eine echte Hausgemeinschaft. In diesem Frühjahr bin ich mit meinem Mann und den drei Kindern in das dritte fertig gewordene Haus eingezogen. Es heißt: Haus schwereLos.

~:-o Ihr lebt doch als Familie in eurer eigenen Wohnung, bildet also mit den anderen Hausbewohnern keine Wohngemeinschaft. Worin besteht nun eure Haus-Gemeinschaft?

=ß-o) Wir haben Gemeinschaftsräume, in denen wir uns miteinander beraten und zusammen Feste feiern, eine Werkstatt, so dass nicht jede Familie eigene Elektro-Werkzeuge besitzen muss und eine Waschküche. Wir verwalten die Häuser und Wohnungen in Eigenregie. Dafür ist ein Team zuständig, das regelmäßig im Büro arbeitet. Dazu gibt es Arbeitsgruppen für verschiedene Bereiche. Weil wir uns schon länger kennen, haben wir Vertrauen zueinander, wechselseitig unsere Kinder zu betreuen und einander nachbarschaftlich zu helfen, wenn es nötig ist.

(:-o) Euer Haus hat einen treffenden Namen. Ihr seid eine Schwere los.

An eurem Beispiel können wir ein wichtiges Grundmotiv für einen gemeinsamen Aufbruch erkennen. Am Anfang steht eine Notsituation, bei euch die Knappheit von bezahlbarem Wohnraum in Großstädten. Wenn sich die Betroffenen aber zusammenschließen, können sie etwas aufbauen.

=ß-o) Die Vorgeschichte reicht bis in die Jahre ab 1968 zurück. Die Studenten-Proteste bewirkten befreiende geistige und gesellschaftliche Veränderungen.

In Freiburg blieb der gesellschaftskritische Aufbruch besonders lange wach und rege. Denn in den 80-er Jahren entstand eine weitere Protestbewegung, die sich gegen ein geplantes Atomkraftwerk in Wyhl richtete. Sie verhinderten den Bau erfolgreich, zusammen mit den Weinbauern am Kaiserstuhl. In dem Geist des Aufbruchs, bei gleichzeitiger Wohnungsnot, wurden in Freiburg leer stehende Gebäude besetzt. Die Besetzer waren Handwerker, die sich mit Studierenden zusammenschlossen. Um die Hausbesetzungen nachträglich zu legalisieren, wurde das Mietshäuser-Syndikat gegründet, der die Häuser erwarb. Danach fand das Syndikat weitere Häuser, die es von Privatleuten kaufte.

Schließlich wagte sich das Drei-Häuser-Projekt, unterstützt vom Syndikat, sogar an den Bau neuer Häuser. Als die von Wohnraum-Not Betroffenen gemeinschaftlich herausfanden, wie sie das Problem lösen konnten, begeisterten sie sich dafür, weiterzumachen.

Aus der Sinnhaftigkeit ihrer Ziele gewannen sie die Energie und die Ausdauer, sich durch das Dickicht der vielen rechtlichen, organisatorischen und finanziellen Fragen zu arbeiten. Die notwendigen Beratungen für das Projekt werden in den Vollversammlungen so lange durchgesprochen, bis ein Beschluss zustande kommt, der von allen einvernehmlich getragen wird und nicht aufgrund von Mehrheiten.

Wichtig ist uns auch, dieser ganzen Bewegung ein Motto voranzustellen, es lautet: Sozial – bezahlbar – unverkäuflich. So bleibt uns der innere Sinn dafür, wie wir nun hier wohnen, gegenwärtig. Noch dazu haben wir aus der Not eine Tugend gemacht. Wir ziehen nicht irgendwo ein, sondern sind bereits eine Gemeinschaft geworden, die beim Durchstehen etlicher Probleme und Konflikte eine Geschichte miteinander hat. Natürlich auch Grund zum Feiern!

(:-o) Ich wünsche eurem Projekt Erfolg und Dauer, und dass es Ausstrahlung hat und noch viele andere Betroffene begeistert.

=ß-o) Ich lade euch nun zu einer Besichtigung der drei Häuser und ihrer Einrichtungen ein. Danach möchte ich gern diese Session mit euch in meinem Schrebergarten fortsetzen.

Wir schauen uns also mit Sophie die verschiedenen Bereiche an.
Da gibt es einen großen Innenhof mit Spielplatz, Balkons für jede einzelne Wohneinheit, aber auch große Gemeinschafts-Terassen, Waschküchen und einen Saal für Feste.
Wir können uns gut vorstellen, dass es viel Lebens-Qualität hat, dort zu wohnen.
Wir verlassen die Wohnblocks und gehen ein Stück Autostraße, biegen in einen Parkweg ein und kommen dann zu Sophies Garten in der Kleingärten-Kolonie. Dort setzen wir uns auf eine Wiese. Wir sind umgeben von Gemüsebeeten, blühenden Sträuchern und Blumen und ruhen ein wenig aus. --- Hier ist Onkel Mo in seinem Element. Nach einer Weile bricht er das Schweigen.

(8-0> Schön habt ihr diesen Garten gestaltet, Sophie. Er ist ein gutes Beispiel dafür, dass auch Städter sich an einem Stück Natur erfreuen können.

=ß-) Danke, Mo, freut mich, dass es dir hier gefällt.

(:-o) Ich möchte nun von einer weiteren „Auswanderung" erzählen.
In und um Freiburg entstanden Gemeinschaften für Anbau und gute Ernährung.

Die Gemüse-Kooperative

ist einer von mehreren ähnlichen Betrieben, die miteinander vernetzt sind und solidarische Landwirtschaft betreiben. Meine Frau und ich sind als Mitglieder daran beteiligt. Als wir beigetreten sind, wurden wir Genossenschafter und zahlten eine Einlage als zinslosen Kredit für Investitionen wie Gewächshäuser und Landmaschinen. Dazu legen wir jährlich im Voraus unseren Beitrag fest, mit dem die Kooperative kalkulieren kann. Das Gemüse wird nicht in einem Laden verkauft. Also ist sowohl der Anbau, als auch der Erwerb und Verzehr dem Nahrungsmittel-Markt entzogen. Einmal in der Woche fährt ein Mitglied mit einem Car-Sharing-Kleinlaster zum Anbau-Hof und bringt die frisch geernteten Gemüse zu einem zentralen Verteilpunkt in der Stadt. Von dort werden sie auf Fahrrad-Anhängern zu den verschiedenen Stadtteilen gebracht. Da holen sich die Mitglieder ihre Anteile ab. Es gibt nur das, was in der Region angebaut werden kann und was zu den Jahreszeiten wächst, abgesehen von Produkten, die lagerfähig sind. Die werden verteilt, wenn die Ernte gerade gering ist.

Jedes Mitglied verpflichtet sich, fünf mal im Jahr einen halben Tag für die Gemüse-Kooperative zu arbeiten, sei es auf den Feldern, sei es beim Verteilen. Auf diese Weise kommt es zum solidarischen Zusammenwirken zwischen dem Anbauteam auf dem Lande und den städtischen Mitgliedern. Wir betrachten es als eine Bildungsaufgabe, Städter während der Arbeit zu unterweisen, wie Gemüse biologisch angebaut wird: ohne chemische Düngung, ohne chemische Schädlings- und Unkraut-Vernichtung, aber dafür vitaminreich und aromatisch.

Einmal im Jahr ist die Haupt-Mitgliederversammlung. Im Sommer findet ein Hoffest statt. Eine witzige Überschrift zum Bericht einer Freiburger Zeitung war „Der Club der krummen Gurken".

Das bedeutet, dass die Produkte keinen seltsamen EU- und sonstigen Bürokratie-Verordnungen unterliegen, weil sie ja nicht verkauft, sondern gemeinsam produziert und konsumiert werden. Ich kann euch aber versichern, das Gemüse ist sehr schmackhaft und gesund. Es ist zu unserem Haupt-Nahrungsmittel geworden. Meine Frau und ich essen nur noch selten ein wenig Bio-Fleisch dazu.

(:-/) Eure Art des solidarischen und ökologischen Gemüseanbaus gefällt mir sehr.
In diesem Beispiel scheint mir aber nicht zuzutreffen, dass eine Not oder Krise der Anlass war, eure Gemeinschaft zu gründen, so wie bei der Wohnungsnot.

(8-0> Die Notwendigkeit drückt nicht ganz so unmittelbar wie die Wohnungssuche.
Die Gründerinnen und Gründer der Gemüse-Kooperative haben mit wachen Sinnen die beginnende Krise der Nahrungsmittel-Produktion durch Großkonzerne und des Vertriebs durch Supermarkt-Ketten erkannt. Nahrungsmittel sind zu industrieller Massenware geworden, mit viel Kunstdüngern, die die natürliche Boden-Fruchtbarkeit schädigen. Schädlingsanfällige Monokulturen erfordern giftige Schädlings-Bekämpfung. Von der Produktion bis zum Verkauf wird sehr viel Energie verbraucht. Wer bei alldem genauer hinschaut, dem kann schon das Grausen kommen, wenn wir bedenken, dass das natürliche Gleichgewicht der biologischen Vorgänge immer schwerer gestört wird. So kann ich sehr gut nachempfinden, dass junge Menschen sich zusammenschließen, um in der Landwirtschaft und für die Ernährung eine Wendung zum Besseren zu erreichen. Sie sind von der Sinnhaftigkeit ihres Einsatzes überzeugt und geben ihre Erkenntnisse gerne und begeistert weiter.

=ß-o) In wichtigen Punkten gleichen sich die beiden Gemeinschaften. Die Mitglieder haben Ziele vor Augen, die sie allein oder zu zweit nicht erreichen können, sondern nur mit einer größeren Schar von Gleichgesinnten.

Die Gemeinschaften sind nicht hierarchisch geordnet. Es gibt keine Herrschaftsstrukturen von oben nach unten. Gleichzeitig achten sie darauf, dass die Verbände und Organisationen nicht unüberschaubar groß werden, damit nicht wieder durch Anonymität und Chefprinzip neue Abhängigkeiten entstehen.

Kooperation ist die viel wichtigere Fähigkeit ist als Durchsetzung und Konkurrenz.

(:-o) Eine weitere Auswanderung findet statt in die

Ökodörfer

Mo und ich waren vorigen Herbst im Ökodorf Schloß Tempelhof. Dort leben 150 Menschen in einer Dorf-Gemeinschaft. Ein altes Schlösschen bildet den Mittelpunkt. Zu ehemaligen Wirtschafts-Gebäuden und der Schloss-Kirche, die jetzt als Versammlungs-Saal dient, kamen im Laufe der Jahre noch einige Neubauten hinzu. Drumherum ist Wald und sind große Felder für die Versorgung mit Nahrungsmitteln. Die nächste Kleinstadt ist 13 km entfernt. Für Großstädter, die dorthin ziehen, ist es wirklich ein Auswandern.

In der Dorf-Gemeinschaft hat jede Familie oder Einzel-Person einen privaten Wohnbereich. Es gibt eine Großküche und einen Speisesaal.

Mo und ich durften nicht einfach mal zur Besichtigung kommen. Die Gemeinschaft soll nicht gestört werden. Wir mussten uns für eine Woche als Gasthelfer verpflichten und auf dem Acker oder in der Küche arbeiten.

Wir lernten dadurch einiges kennen, was diese Gemeinschaft prägt.

Die Kleinkinder erfahren die Natur im Wald-Kindergarten.

Die Schulkinder besuchen die von der Gemeinschaft gegründete freie Schule, die nach einem reform-pädagogischen Konzept arbeitet. Weil die Schule auch von Kindern der Umgebung besucht wird, strahlt das Ökodorf dorthin aus.

Zum Ökodorf gehört ein Seminar-Haus für Kurse der Erwachsenen-Bildung.

Eine Besonderheit ist ein Dörfchen im Dorf mit einem alternativen Wohnkonzept. Es besteht aus Tiny-Houses, kleinen Holzhäusern und Jurten, gut isolierten runden Zelten. Die Wohneinheiten sind im Halbkreis um das „Earth-Ship" gruppiert.

Das ist ein Gemeinschafts-Haus und ist größtenteils von Erde bedeckt. Der sehr breite vordere Teil besteht aus einer Glasfront, schräg darüber sind Photovoltaikflächen zur Stromerzeugung.

So ein Ökodorf ist mehr als eine kleine Ortschaft. Es ist auch eine bewusst gelebte Gemeinschaft, in der die Mitglieder einander kennen. Sie üben sich bewusst darin, die Beziehungen untereinander zu pflegen, manchmal auch in der fairen Konfliktbewältigung.

Das Ganze entstand auf Initiative einer kleinen Gründungsgruppe, beispielhaft dafür, dass Wenige den Impuls setzen können, anders zu leben.

(8-0> Möge es bald viele, viele Ökodörfer geben. Für ländliche Gebiete, die durch Landflucht veröden, wäre es eine Wohltat. Zwischen Stadt und Land würde mehr Gleichgewicht entstehen.

An dieser Stelle möchte ich einen kurzen Gedanken-Ausflug zum Thema Gemeinschaft mit euch machen:

Vom Wir zum Ich zum neuen Wir.

Das hat eine lange Entwicklungs-Geschichte. Mehrere zehntausend Jahre lang lebten unsere Vorfahren in Stammes-Völkern. Im Stamm herrscht ein starkes Wir-Bewusstsein, denn seine Mitglieder sind in der Wildnis nur gemeinsam stark genug, um den Grundbedarf an Ernährung, Kleidung und Schutz zu erringen.

In den Reden vieler Stämme wird das Wort „Ich" gar nicht ausgesprochen, sondern der Redner beginnt mit seinem Namen: „Weißer

Büffel schlägt vor, dass der Stamm sein Lager am nächsten Fluss aufbaut".

Während der weiteren Menschheitsentwicklung in den Reichen und in den Stadtstaaten lernt der Mensch mehr und mehr, über sich und sein persönliches Geschick als Einzelwesen nachzudenken. Die Ich-Entwicklung ist für den menschlichen Geist ein sehr wichtiger Fortschritt. In der Übersteigerung hat sie bei manchen zur Egozentrik geführt und bei anderen zu schicksalhafter Vereinsamung.

Der nächste Schritt ist, dass die Einzelnen sich freiwillig und verantwortungsbewusst zu einem neuen Wir zusammenschließen. Sie bilden Gemeinschaften, die sich solchen Aufgaben widmen, die Probleme lösen und das Gemeinwohl fördern.

Das geschieht am besten in noch überschaubaren Basis-Gemeinschaften. In diesen herrscht eine echte Basis-Demokratie, in der die Beschlüsse nach dem Konsens-Prinzip und nicht aufgrund von Mehrheiten gefasst werden.

Aus diesen werden Delegierte in Regional-Räte entsandt und so fort bis auf die Länder übergreifende Ebene. So entsteht eine echte, partizipatorische Demokratie, das bedeutet: Durch Teilhabe aller Ebenen. So kann das Prinzip des Grundgesetzes erfüllt werden: Alle Macht geht vom Volke aus. Das gilt auch und besonders für die Wirtschaft.

+*+*+ **„Eine moralisch entwickelte Individualität** (zeitgemäß ausgedrückt: ethisch integre Persönlichkeit, d. A.) **muss die Grundlage für jede Organisation bilden**, welchen politischen Charakter sie auch in der Folge annehmen und welchem Aktionsprogramm sie auch im Laufe künftiger Ereignisse folgen sollte."[5]

Hier spricht Kropotkin (1842-1921) von der notwendigen Ich-Revolution, die jedem gesellschaftlichem Handeln vorausgehen muss, da-

---

5 Pjotr Kropotkin: Memoiren eines Revolutionärs. Insel-Verlag Frankfurt/M. 1969, S 359

mit der Entwicklungssprung zu einer Menschheits-Familie geschehen kann, in der alle Mitglieder solidarisch füreinander einstehen.

(:-/) Hier muss ich leider zugeben, dass ich noch weit entfernt bin,
eine solche ethisch integre Persönlichkeit zu sein. Ich bin nicht frei
von Ego-Interessen und persönlichem Ehrgeiz. Meine Bereitschaft
für eine bessere Zukunft jetzt Verzicht zu leisten, hält sich in Grenzen.

=ß-o) Das geht uns doch auch so. Deshalb arbeiten wir ja daran.

*Inzwischen ist Sophies Ehemann zum Garten gekommen und hat Ge-
tränke und Häppchen mitgebracht. Wir stoßen auf alle guten, Hoffnung stiftenden Lebensweisen an und feiern in dem schönen Garten
in den Abend hinein.*

Zur Weiterarbeit noch mehr „Auswanderungen":

Eric Biehl und Dirk C. Fleck: **Equilibrismus e. V.** – „Equilibrismus" ist aus der Akrobatik entnommen, wo es gilt, besonders
schwierig Gleichgewicht zu halten. Equilibrismus ist einer der wei-
test gehenden Vorschläge für den Umbau von Industrie, Wirtschaft
und Gesellschaft zu einem **vollständigen Kreislauf.**
Eric Biehl plant, auf einer Insel gemeinschaftlich eine solche Ordnung aufzubauen und vorbildhaft zu beweisen, dass sie möglich ist.
„Equilibrismus": Das Konzept dazu kann man sich als PDF-Datei
aus dem Internet laden. Dazu gehört
Dirk C. Fleck: „Das Tahiti-Projekt" - Dieser realistische Zukunfts-
Roman nimmt dieses Insel-Projekt erzählerisch vorweg. Er baut auf
bereits vorhandenen Technologien, Wirtschafts- und Gesellschafts-
entwürfen auf.
Zivilgesellschaftliche Basisgruppen der ganzen Welt erarbeiteten gemeinsam die **Erd-Charta.** Im März 2000 wurde sie in ihrer jetzt
gültigen Form veröffentlicht. Das Haupt-Sekretariat ist in Costa

Rica. 60 nationale Kommitees entstanden, die vor Ort eine ethische und umweltgerechte Politik, Wirtschafts- und Lebensweise voranbringen, auch in Deutschland.

Die Erd-Charta versteht sich als eine inspirierende Vision für die Schaffung einer gerechten, nachhaltigen und friedlichen Welt-Gesellschaft. Ihr sind vier Grundhaltungen vorangestellt, unser Leben auf dieser Erde zu gestalten:

Die vier Grundhaltungen der Erd-Charta:
1. Achtung vor dem Leben und Fürsorge für die Gemeinschaft des Lebens.
2. Ökologische Ganzheit.
3. Soziale und wirtschaftliche Gerechtigkeit.
4. Demokratie, Gewaltfreiheit und Frieden.

Für die AktivistInnen von **Extinction Rebellion XR** genügt es nicht, dass Einzelne oder kleine Gruppen ihre Lebensweise ändern. Weil die Zeit drängt, bevor Katastrophen geschehen, muss das jetzige Wirtschafts- und Gesellschafts-System durch Aktionen des Gewaltfreien Widerstands massiv gestört werden und Platz machen für eine menschlichere Gesellschaft.
XR verweist darauf, dass es viele Beispiele gibt, wo eine ausreichend große Zahl von Menschen lebensfeindliche Systeme gekippt haben. Jetzt geht es um das Leben selbst. Es kann nur durch große gemeinsame Anstrengungen, durch ein großes WIR gerettet werden.

„Diagnose: Funk" und andere Organisationen gegen 5 G mobilisieren gegen die Einführung des neuen Mobilfunk-Standards der Fünften Generation. Die Hauptgründe sind:
- Mobilfunk- Strahlen wirken auf die Biosphäre ein. Sie schädigen auf die Dauer die Gesundheit von Menschen, Tieren und Pflanzen. Das ist durch neutrale Studien bereits für die Mobilfunk-Ausbaustufen 2G bis 4G nachgewiesen.

- 5 G soll nun in noch gefährlichere Mikrowellen-Frequenzen mit höherer Strahlungsintensität ausgeweitet werden, ohne vorher den Nachweis der Unschädlichkeit zu erbringen. Ein sehr viel dichteres Netz von Antennen, die teilweise näher an Wohnungen heranreichen, soll dafür gebaut werden. Darin sehen die Kritiker ein illegitimes und gefährliches Experiment an Menschen und anderen Lebewesen.
- 5 G transportiert Daten in ungeheurem Ausmaß. Die Bevölkerung wäre damit jeglicher Ausspähung ausgeliefert.
- Wegen des erhöhten Energieverbrauchs ist 5 G klimaschädigend.

Der Protest gegen diese Technologie stellt auch die allgemeine Vorstellung von „Fortschritt" infrage. Welche technologischen Fortschritte sind ethisch vertretbar und welche nicht? Welche sind sogar schädlich?

Die Entscheidungen darüber müssen von der gesamten Gesellschaft geprüft und beschlossen werden. Wirtschaftliche Interessenten dürfen nicht das Vorrecht haben, die Einführung neuer Technologien durchzusetzen.

Medien zur Weiterarbeit:
- Erwin Thoma: **„Strategien der Natur"** (Ein Förster lernt vom Wald für die Gesellschaft und baut Holzhäuser)
- Erd-Charta, der Text. Er ist frei in Internet-Suchmaschinen herunter zu laden.
- Extinction Rebellion: „Wann, wenn nicht wir?"
- Diagnose: Funk „Elektrostress im Alltag", Ratgeber 1
- Mobilfunk, 5G-Risiken, Alternativen, Ratgeber 2, Broschüren zu bestellen bei: bestellung@diagnose-funk.de
  Weitere Informationen www.diagnose-funk.de
- Der Dokumentarfilm: „TOMORROW – Die Welt ist voller Lösungen" erhältlich als DVD.

- AUFBRECHEN -

8. Session: Wie der Menschenmensch

Für diese Session begeben wir uns auf eine Wanderung. Wir treffen uns ganz im Süden von Freiburg. Dann laufen wir los und folgen einem Weg am Fuße der Weinberge. Oberhalb der Hänge ist der Waldrand des Schwarzwalds – westlich sehen wir die Rhein-Ebene, die sanften Hügel des Kaiserstuhls und die der Berge der Vogesen. Wir kommen an zwei Weindörfern vorbei und biegen in einen Waldweg ein. Tief im Wald kommen wir zu einer Lichtung. Etwas erhöht steht eine kleine Kapelle mit einem Türmchen, ein verziertes Eisen-Kreuz ist oben darauf. Auf dem runden, freien Platz unterhalb, umgeben von alten, hohen Bäumen sind im Halbrund einige Sitzbänke aufgereiht. Dort setzen wir uns und lassen still die Atmosphäre dieses Ortes auf uns wirken. Nach einer Weile des Schweigens schauen wir uns an und beginnen zögernd von unserem heutigen Thema zu sprechen.

(8-0>   Hier ist ein besonderer Ort der Stille -

~:-o)   - und mir fällt sogar das altmodische Wort „andachtsvoll" ein ...

(:-/)   Hier feiern wohl die Weinbauern das Fest ihres Heiligen, eigentlich nichts Besonderes. Aber ich verstehe, warum wir hergekommen sind. Tiefe Gedanken, die einen Wandel auslösen, entstehen häufig außerhalb des Getriebes im Alltag.
Erstmal Abstand nehmen und dadurch vieles anders sehen als bisher.

(:-o) Genau darum geht es. Die großen Hirten der Menschheit, wie Moses, Buddha, Jesus und Mohammed kamen nach längerem Sein in der Einsamkeit zur Erleuchtung. Dadurch wurden Bewegungen ausgelöst, die seit vielen Jahrhunderten wirken, bis heute.

~:-o) Ich möchte heute von dem für mich wichtigsten Impulsgeber für eine Ich-Revolution sprechen, von Jesus von Nazareth. Dabei möchte ich eine andere Perspektive einnehmen als die meisten Kirchen-Christen. Der Impuls, der durch sein Menschsein in die Welt kommt, ist für die ganze Menschheit zu wichtig. Er ist beispielgebend für alle. Deshalb bleibt er nicht eingegrenzt in Dogmensysteme und religiöse Traditionen. Sein Impuls wirkt weit darüber hinaus. Aber auch die Kirche kann, wie schon mehrmals in der Geschichte, eine Innere Revolution durchmachen.

Dann wird sie wieder zur Jesus-Bewegung!

Ich erzähle also seine eigentlich bekannte Geschichte als die einer Menschheits-Gestalt, nicht als die eines Gründers einer Weltreligion.

Sie beginnt um das Jahr 30 am Ufer des Flusses Jordan.

Als Jesus so etwa Mitte 30 war, kam er zu Johannes dem Täufer, um sich taufen zu lassen.

Als er vor ihm im Wasser stand und Johannes ihn taufte, öffnete sich ihm der Himmel! Ein neuer Geistes-Impuls kam sanft wie eine Taube in ihn hinein. Eine Stimme sprach: **„DU bist mein lieber Sohn, an dir habe ich Wohlgefallen."** -

Der Höchste Geist spricht zu ihm in mütterlicher und väterlicher Liebe. Er macht Jesus **eine himmlische Liebes-Erklärung**. Zusammen mit ihm gilt sie allen Menschen. Denn Jesus kann sie ja nicht für sich behalten. Er bleibt so erfüllt von ihr, dass er die Liebe weitergibt bei jeder Begegnung, in die der Geist ihn führt. Das ist seine Berufung. Die Bewegung, sanft wie eine Taube, bestimmt ihn zu einem Menschen des Friedens.

(:-/) *Weil* Jesus ja auch ein Mensch ist, wird er ja wie wir seine Schattenseiten haben. Sonst wäre er ein Ideal-Typ und kein leibhaftiger Mensch.

(:-o) Der Geist führt ihn die Wüste und lässt ihn dort vierzig Tage fasten, ganz allein. Dort begegnet er seiner eigenen dunklen Seite in Gestalt des Satans.

In einer gewaltigen Vision lässt Satan ihn die Reiche der Welt von oben sehen und spricht: „Du wirst über das alles Herrscher sein, wenn du niederfällst und mir dienst." - Diese Vision wirkt viel gewaltiger als der zarte Anflug der Taube und die Stimme der Liebe. Machtgier ist eine große Versuchung von Menschen mit Charisma. - So ist Jesus mit dieser Schattenseite in sich konfrontiert. Doch Jesus widersteht ihr. Damit verzichtet er auf weltliche Macht und vertraut nur auf das Himmelreich. Er sagt dieser satanischen Versuchung ab.

(:-/) Was ist mit dem Himmelreich gemeint? Das klingt doch religiös.

(:-o) Schon die Menschen zur Zeit Jesu hatten eine Scheu, den Namen Gottes im Munde zu führen. Sie sagten statt dessen Himmelreich und meinten damit den Kosmos des Geistes, der alle Dinge lebensfördernd regelt. Weltlich ausgedrückt ist unser Himmelreich **die ersehnte Zukunft,** in der alles ursprünglich Gute wieder hergestellt sein wird. Der erste Schritt dorthin liegt direkt vor unseren Füßen!

~:-o) Gleich in den ersten Worten, mit denen Jesus öffentlich auftritt, spricht er vom Himmelreich:

„Die Zeit ist gekommen – das Himmelreich ist nahe. Vertraut dieser frohen Botschaft. Metanoiete! - Ändert euch!"

Um zu verstehen, wie dieser Wandel vor sich geht, hilft es, das alt-griechische Wort **„metanoiete"** genau ins Deutsche zu übertragen. Es besteht aus dem Wort **„noein",**
das bedeutet wahrnehmen, verstehen, denken – „noiete" ist die Be-fehlsform davon.
Die Vorsilbe **„meta"** hebt den folgenden Wortteil auf eine höhere Ebene. Zusammengesetzt bedeutet metanoiete: „Hebt euer Verständ-nis dessen, was ihr wahr nehmt und wie ihr darüber denkt, auf eine höhere Ebene!"

Metanoia ist das wichtigste Element der Ich-Revolution!

Konkret auf den Lebenswandel von Menschen bezogen, bedeutet es, dass wir auf der noch nicht erhöhten Ebene materialistisch einge-stellt sind.
Das ist gar nicht abwertend gemeint. Jeder muss sich um seinen Nahbereich kümmern, muss arbeiten, wirtschaften, seine Beziehun-gen regeln und möchte Lebenslust und Freude genießen. Weil das so wichtig ist, denken viele, sie machen sich ihr Leben leichter, wenn sie für sich Vorteile durchsetzen. Das stimmt aber nicht! Das Leben wird schwerer, denn meine Mitmenschen werden das auch mit mir versuchen – und dann geht es auf meine Kosten. Da entstehen die Konflikte! Der schlichte Vorschlag von Jesus dazu lautet:

„Geben macht glücklicher als Nehmen." (Apostelgeschichte 20,35)

Das zu beherzigen, hebt das ganze Alltags-Leben auf eine höhere Ebene. Es ist keineswegs eine Regel christlicher Moral, sondern eine schlichte und schöne Wahrheit, wenn ich sie zu Ende denke. Wenn ich dem Mitmenschen Aufmerksamkeit gebe, ein Lächeln schenke, eine freundliche, eine ermutigende Bemerkung, eine Freude mache, tätige Hilfe leiste, dann wird dieses Geben Resonanz erzeugen, die

Runde machen und irgendwann wieder bei mir ankommen, aber nicht dann, wenn ich damit gerechnet habe. Das Lebensglück vermehrt sich insgesamt dadurch. Dieser frohen Botschaft können wir vertrauen, denn sie ist einfach wahr ...

„Geben macht glücklicher als Nehmen." Das könnte sogar der erste Lehrsatz einer neuen Ökonomie, einer Wirtschaftslehre werden. Wenn jeder sein Bestes gibt, faire Preise verlangt und bezahlt, wird es am Ende der Runde allen Beteiligten nicht nur materiell besser gehen.

(:-/) Das ist aber eine sehr ungewohnte Denkweise!

~:-o) Es ist eben die Meta-Denkweise, und sie ist trotzdem einfach und vernünftig.

(:-/) Das bezweifle ich! Wenn ich mich darauf einlasse, werde ich nur ausgenutzt!

~:-o) Du hast Angst davor, dass zu ausgenutzt werden könntest.

(:-o) Jesus sieht auch die Schwierigkeiten voraus, die entstehen, wenn Menschen des alten Denkens mit denen des gewandelten Denkens zusammentreffen.
Dazu lehrt er in der Bergpredigt, die ich jedem ans Herz lege, daraus für das Leben zu lernen (Matthäus 5 – 7):

Wenn euch jemand Übles antut, gebt nicht in gleicher Weise zurück. Geht auf diesen Menschen ein. Begegnet ihm als Mitmensch. Überrascht ihn, zum Beispiel damit, dass ihr „die andere Wange hinhaltet ..." (Frei nach Matthäus 5,39-41)

=ß-o) Das ist gewiss nicht das, was wir spontan tun, wenn wir verletzt sind. Ich kann aber üben, durchzuatmen und zu meiner Mitte zurückzufinden, wenn ich vor Ärger außer mir bin. Dann kann ich innehalten und dadurch eine Lücke zum Meta-Denken öffnen. Anstatt reflexhaft zu reagieren, kann ich die Angelegenheit zu Ende denken. Wenn ich einen Angriff mit einen Gegen-Angriff beantworte, erzeuge ich einen Teufelskreis, der zu immer mehr Leid führt. Wenn ich versuche, den Angreifer als Mitmensch zu verstehen, breche ich diese Spirale des Leidens und eröffne Möglichkeiten für einen versöhnlichen Ausgang. Mir selber wird es auf längere Sicht auch gut tun. Ich werde frei von dem Zwang, es dem anderen „heimzuzahlen" und kann verzeihen.

(:-o) Alle Reden Jesu enthalten dieses Meta-Denken. Sie verblüffen und begeistern seine ZuhörerInnen. Auch seine Gleichnis-Erzählungen sind unbedingt lesenswert. Er spricht selten von Gott, schon gar nicht über ihn. Er spricht fast immer von Beziehungen zwischen Menschen und wie sie heilen können. Die zu ihm kamen, um ihn zu hören und zu erleben, wurden von seinem besonderen Charisma ergriffen. Er weckte ihr Vertrauen. Von ihm ging die Innere Kraft aus, die ein Mensch ausstrahlt,

der in sich wirklich durchgekämpft hat, wovon er spricht.

Zuhörer mit offenen Herzen fand er überwiegend bei einfachen Leuten, Handwerkern und Fischern. Auch Schuldbeladene fanden durch seine Worte zu neuem Leben.
Er sprach mit Vollmacht. Seine Reden sind einprägsam bis heute, weil seine Aussagen ungewöhnlich und herausfordernd sind, und weil er bildhaft in Gleichnissen und in Verse gefasst lehrt.

Vor allem aber lebte er selbst vollständig vor, was er lehrte!

~:-o) Er wandte sich den Menschen zu und fühlte mit ihnen und mit ihren Leiden. Soweit sie ihm vertrauten, heilte er Blinde, Gelähmte,

Gehörlose und Traumatisierte. Das sprach sich schnell herum, immer mehr strömten zu ihm. Einige fingen an zu glauben, dass mit Jesus wirklich das Himmelreich beginnt. Sie folgten ihm als seine Jüngerinnen und Jünger. Von Jesus beauftragt, zogen sie von Dorf zu Dorf, lehrten die Bewohner kraft seines Geistes und heilten viele Kranke. So breiteten sie seine Bewegung im ganzen Lande aus. Sein NAME gewann an Strahlkraft.

(:-o) Eine der Heilungen erregte besonderes Aufsehen. - Als Jesus aus einem Boot an das andere Ufer des Sees Genezareth trat, kam ihm von den Grabstätten der dort lebenden Gerasener ein Mann entgegen. Damals sagte man: Er ist von unreinen Geistern besessen. Heute würden wir sagen, er sei traumatisiert und psychotisch. Er lebte in Grabhöhlen, schrie, schlug sich selbst mit Steinen und zerriss alle Ketten, mit denen man ihn zu binden versucht hatte. Jesus rief: „Fahre aus, du unreiner Geist, von diesem Menschen!" - Der Mann rannte zu ihm hin, warf sich zu Boden und schrie: „JESUS, du Sohn des Höchsten, quäle mich nicht!" - Er redete ihn an und fragte: „Wie heißt du?" - „LEGION heiße ich, denn wir sind viele". - Am Abhang zum See weidete eine Schweineherde. Die unreinen Geister baten, in die Schweine fahren zu dürfen. Jesus erlaubte es ihnen.

Da fuhren sie aus dem Mann aus und fuhren in die Schweine. Die rannten sofort den Hang hinunter, stürzten sich in den See und ersoffen darin. Als die Schweinehirten das sahen, dass dieser Mensch jetzt ganz vernünftig bei Jesus saß, aber ihre Schweine tot waren, da fürchteten sie sich. Sie baten Jesus, aus ihrer Gegend fortzugehen.

Diese Geschichte verbreitete sich wie ein Lauffeuer und hatte eine große Wirkung auf das Volk.

Um das zu verstehen, muss man wissen, dass die Formationen der römischen Besatzungs-Soldaten LEGIONEN hießen. Gerade in dieser Gegend hatten sie eine Generation vorher als Strafe für einen Volksaufstand 2000 Menschen gekreuzigt![6]

„Wie heißt du?" - fragt Jesus. Die psychotischen Stimmen antworten: „LEGION".

Sie fahren in die Säue und lassen sie ersaufen.

Jesus setzt hier ein prophetisches Zeichen. So wird es einmal allen Legionen aller Imperien ergehen. Sie werden wie Schweineherden im Meer der Geschichte untergehen und keine Menschen mehr durch Quälen wahnsinnig machen.

(:-/) Auf die Legionen der römischen Besatzungsmacht, die zu der Zeit über Israel herrschte, traf diese Prophetie zu. Das römische Imperium ging unter. Aber Armeen von Machthabern, die Menschen traumatisieren, gibt es heute noch. Ich kann nicht absehen, wann das enden wird.

(:-o) Auch die heutigen Militärmaschinerien tragen keine geistige Legitimation mehr in sich. Die einzige innere Bedeutung, die sie haben **könnten**, die Schwachen vor verbrecherischer Gewalt zu schützen, ist bei der heutigen Aufrüstung mit Massenvernichtungswaffen nicht mehr gegeben. Die Mächtigen rechtfertigen sich mit Argumenten, dass das „Machtgleichgewicht erhalten bleiben muss" und nennen Kriegsführung „humanitäre Einsätze". Glauben sie das selber? In Wahrheit stecken ganz andere Interessen dahinter. Da geht es um viel Geld und um große Macht. Das wird durch ihre Propaganda verschleiert. Aber wir müssen das durchschauen, damit es endet.

~:-o) Durch das heilsame Wirken und die begeisternden Reden wuchs die Jesus-Bewegung und gewann an Bedeutung. Das rief Widersacher auf den Plan, besonders die Einflussreichen im Bereich der Religion. Sie sahen in Jesus eine Gefahr für die bestehende Ord-

---

6 Die Deutung der Heilungsgeschichte vom Besessenen von Gerasa findet sich bei Fabian Scheidler „Das Ende der Megamaschine".

nung. Das Römische Imperium herrschte über die Gerichtsbarkeit und über das Geld und kassierte Steuern.

Den ganzen Bereich von Weltanschauung und Ausübung der Religion überließen die römischen Statthalter den religiösen Führern des Volkes. Das war vor allem der Hohepriester, das Oberhaupt des Jerusalemer Tempels. Er war der Chef der Priester und Tempeldiener und stand dem Opferkult und dem Tempelschatz vor.

Andere Funktionen hatten die Schriftgelehrten. Sie galten als Autoritäten, die Heiligen Schriften auszulegen und das Volk zu lehren. Sie überwachten streng die Einhaltung der religiösen Vorschriften, die vor allem aus den Gesetzen der Fünf Bücher Moses hergeleitet waren. Außerdem verwalteten sie als Bevollmächtigte die Vermögen von Witwen und Waisen; dabei wirtschafteten sie oft in die eigene Tasche.

In die Ausübung dieser religiösen und sozialen Aufgaben hatten sich Missstände eingeschlichen, die Jesus in zahlreichen Streitgesprächen scharf kritisierte.

Aber auch die religiösen Führer fingen ihrerseits mit Jesus Streit an. Vor allem kritisierten sie ihn wegen seiner Lehre, und weil er mit Menschen, die sie als unwürdige Sünder ausgestoßen hatten, aß und trank. Wir sprechen über diesen Konflikt, weil er zum **Justizmord an Jesus** ausuferte und weil er so ein typisches **Menschheitsdrama** ist. Ihr könnt darin Vorgänge wiedererkennen, die bis heute so und ähnlich ablaufen!

~:-o) Einen entscheidenden Konflikt hatte Jesus mit den Schrift-Gelehrten, als er am Sabbat in einer Synagoge lehrte. Dort war ein Mann mit einer gelähmten Hand zugegen. Sie lauerten, ob er ihn jetzt heilen würde. Dann könnten sie ihn verklagen, denn das galt als Arbeit, die am Sabbat nicht erlaubt ist. So nahm Jesus den Leidenden in die Mitte und sprach zu den Schriftgelehrten: „Wenn einem Bauern ein Schaf in eine Grube fällt, holt er es auch am Sabbat heraus. Ein Mensch ist doch mehr wert!" - Seine Widersacher schwiegen eisig. - Jesus sah sie der Reihe nach an und blickte nur in verschlossene Gesichter.

Er wurde zornig und betrübt über ihr erstarrtes Herz. Dann sprach er zu dem Leidenden: „Strecke deine Hand aus!" Er streckte sie aus, und seine Hand wurde wieder gesund.

(:-/) Mit etwas Kompromissbereitschaft hätte Jesus ja diesen Konflikt entschärfen können, wenn er diesen Leidenden erst am nächsten Tag geheilt hätte.

~:-o) Jesus geht keine faulen Kompromisse ein. Er stellt **die richtige Reihenfolge** her:
Zuerst kommt der Mensch, der ja gerade am Sabbat in der Gemeinschaft die Nähe des Himmlischen Vaters sucht, und erst danach kommen die Vorschriften. Das macht Jesus mit aller Schärfe deutlich!

(:-o) Diese Heilung bestätigte die Schriftgelehrten in ihrer Einschätzung, dass Jesus sein Gewissen über die religiösen Vorschriften stellt. Wenn ihm dabei viele Anhänger folgen, würde das ihr ganzes Gesetzessystem umstürzen. Deshalb berieten sie, wie sie ihn zu Tode bringen könnten.

=ß-o) Das ist auch heute aktuell. Innerhalb eines bestehenden Denk-, Macht- und Wirtschaftssystems sind Kompromisse möglich. Wenn aber das System selbst an seinen Fundamenten angegriffen wird, reagiert es gewalttätig, um abzuschrecken.

(:-o) Die Schrift-Gelehrten suchten Gelegenheiten, ihn durch Fangfragen als Irrlehrer zu überführen.
Also ging einer von ihnen zu Jesus fragte ihn: „Meister, welches ist das höchste Gebot im Gesetz?" Jesus antwortete: „**Liebe** den Herrn,

deinen Gott, von ganzem Herzen, von ganzer Seele und von ganzem Gemüt. Das ist das höchste Gebot.

Das andere aber ist **dem gleich: Liebe** deinen Nächsten wie dich selbst. In diesen beiden Geboten ist das ganze Gesetz und sind die Propheten enthalten."

(:-/) Das hört sich doch eigentlich nicht nach einer Fangfrage an. Und die Antwort geht uns leicht ein. Worin besteht nun die Probe, welches sind die Fallstricke?

(8-0> Wenn Jesus eine der Gesetzesvorschriften als wichtigste hervorhebt, bleibt er in ihrem eingeengten System, dass man Gott durch genaues Einhalten seiner Gebote dienen soll und lässt sich von ihnen vereinnahmen. Gibt er eine Antwort, die sie als Abwertung der Gebote brandmarken können, können sie ihn als Irrlehrer ausstoßen.

Jesus hebt die Frage der Schrift-Gelehrten auf die höhere Ebene der Liebe. Sie berufen sich ja auf Moses, den Urheber ihrer Religion, und Jesus antwortet mit Moses' Worten. Er bringt beides in die direkte Verbindung, Gott zu lieben UND den Nächsten, obwohl die beiden Worte an verschiedenen Stellen der Bibel stehen.

Zu l i e b e n , das können Menschen nicht durch Einhalten von Vorschriften ersetzen. Es ist unsinnig, Liebe zu befehlen. Sie geschieht in lebendigen Beziehungen zu Gott und den Mitmenschen. Diese gilt es, zu pflegen!

Würden sie sich darauf einlassen, könnte die **„metanoia"** in ihnen geschehen.

(:-o) Die Konflikte treiben auf den Höhepunkt zu, als Jesus nach Jerusalem in den Tempel kommt. An seinen Altären wurden dem Gott Israels immer noch Tiere geopfert. Für die Anlässe, Opfer zum Tempel zu bringen, gab es genaue Vorschriften, z. B. Sühne-Opfer zur Tilgung einer Schuld.

Stellen wir uns vor, ein armer Bauer kommt mit einer Taube zum Tempel. Die Taube wird aber dort zum Opfern untauglich erklärt. Warum das?!

Die Vorschriften besagten, dass nur gesunde Tiere geopfert werden dürfen.

Die Tempeldiener, die das prüften, erklärten dem Bauern einfach, dass nur eine solche Taube zugelassen wird, die unter Aufsicht des Tempels groß gezogen wurde. Nur die durften in der Vorhalle des Tempels verkauft werden. Dort kostete die Taube den vielfachen Preis einer Taube auf dem Bauernmarkt.

Um sie im Tempel kaufen zu können, musste er aber zuerst sein gültiges römisches Geld in eine Tempelwährung umwechseln. Auf dem Dinar war ja das Abbild des Kaisers, und der ließ sich als Gottheit verehren.

Deshalb musste der Bauer das Geld für die überteuerte Taube in die Tempelmünze ohne Bild umtauschen und selbstverständlich eine Gebühr dafür bezahlen. Er wurde doppelt ausgenutzt.

So ein Verkaufsstand oder ein Platz als Geldwechsler brachte den Händlern gute Einnahmen. Deshalb wurden diese Plätze von den Verwaltern des Tempelschatzes besonders an ihre Verwandten vergeben, oder man musste sich für eine hohe Summe dort einkaufen.

Insgesamt also ein korruptes System, das die Armen plünderte.

Jesus war zornig darüber! Er stürmte, ein dickes Tau schwingend, in den Vorhof des Tempels, schlug die Händler und jagte sie hinaus. Dabei stieß er mit kräftigen Tritten die Tische um. Käfige krachten und Münzen klirrten am Boden. Laut rief er: „Das Haus meines Vaters ist ein Bethaus! Ihr habt eine Räuberhöhle daraus gemacht!"

Beim Volk wurde Jesus durch diese prophetische Zeichenhandlung noch beliebter.

Aber die Priester und Schriftgelehrten steckten ihre Köpfe zusammen und begannen zu planen, wie sie es einfädeln könnten, dass er getötet wird. Sie mussten sich etwas einfallen lassen, denn ihnen war es nicht erlaubt, ihn hinzurichten.

(:-/) Wir sehen Jesus dort im Tempel zornig und sogar gewalttätig! Wie verträgt sich das mit seiner Botschaft der Liebe und des Friedens?

(8-0> Wahrhaft zu lieben bedeutet nicht, immer freundlich und nett zu sein! Manchmal geschieht es aus Liebe, unerträgliche Zustände zornig zu unterbrechen.

Die Ungerechtigkeit, die dort im Tempel herrscht, ist strukturelle Gewalt gegen die einfachen Leute. Gerechtigkeit zu schaffen ist die Voraussetzung für Frieden. Ihm liegt aber nicht daran, die Zustände mit Gewalt zu ändern. Wahrscheinlich haben die Händler nicht einmal blaue Flecken davon bekommen. Er schafft eine der letzten Gelegenheiten für die religiösen Führer, über sich selbst zu erschrecken und die unhaltbaren Zustände zu verändern, aber er zwingt sie nicht dazu.

~:-o) Sie ergreifen diese Möglichkeit aber nicht. Statt dessen erneuern sie ihren Plan, Jesus für immer zum Schweigen zu bringen. Für Jesus beginnt der Weg in die dunkelste und schmerzlichste Tiefe – Er geht MITTEN HINDURCH!

Ich muss nur kurz erzählen, wie dieser Justizmord vor sich geht. Die Geschichte ist tausende Male nacherlebt worden. Sie geschah kurz vor dem Passah. Zu diesem Fest feiern die Israeliten die Befreiung aus der Sklaverei im ägyptischen Imperium. Dazu schlachten sie ein Opferlamm und bereiten es mit bitteren Kräuter zu, weil die Sklaverei bitter war.

Zum Gedenken an die Befreiung wird bei einem feierlichen Abendmahl über den Auszug aus Ägypten gesprochen und das Lammfleisch verspeist. Dazu essen sie ungesäuertes Brot und trinken Wein.

Auch Jesus isst mit seinen engsten Vertrauten das Passahmal.

Er spricht: „Das Brot – mein Leib." --- „Der Wein – mein Blut."

--- Was er nicht sagt, aber schon weiß: **‚Das Lamm – ich selbst'.**

(:-o) Nach dem Mahl ging Jesus mit drei seiner engsten Vertrauten in einen Olivenhain namens Gethsemane. Für ihn war es sehr wichtig, immer wieder an einem einsamen Ort zu sein, um zu beten.

In dem nächtlichen Olivenhain angekommen, war er in dunkelster, tiefster Trauer.

Er sprach zu seinen Freunden:

„Meine Seele ist betrübt bis an den Tod. Bleibt hier und haltet mit mir Wache!"

Und er ging ein wenig weiter, kniete zu Boden, mit der Stirn zur Erde hin.

So begann die finsterste Nacht seiner schwersten Entscheidung. Er betete: „Mein Vater, ist's möglich, so lass diesen Kelch an mir vorübergehen" -

Er hat ja noch alle Freiheit! Sein innerer Kampf geht um seine freie Entscheidung, dieses Land und seine Herz-verhärteten Eliten zu verlassen. Noch kann er es.

Aber er will unbedingt wissen, ob das im Einklang mit seiner Berufung durch seinen Himmlischen Vater wäre. So ringt er darum die ganze schlaflose Nacht allein –

seine Freunde schaffen es nicht, mit ihm zu wachen.

Er ringt Stunde um Stunde um eine Antwort seines Vaters – er bekommt keine. Endlich weiß Jesus, was dieses entsetzliche Schweigen bedeutet: Die Freiheit, die Antwort in sich selbst zu finden: „Doch nicht wie ich will, sondern wie du willst."

Am frühen Morgen fand er seine Freunde immer noch schlafend. Er weckte sie: „Steht auf, die Stunde ist gekommen! Sie kommen den Menschensohn holen."

Die Schar des Hohepriesters kam mit Schwertern und Knüppeln. Sie führten Jesus ab und brachten ihn vor den Hohen Rat.

Die Jünger flohen.

(8-0> So nimmt der geplante Justizmord unaufhaltsam seinen Ver-
lauf. Der Hohe Rat unter Vorsitz des Hohen Priesters hält eine Verhandlung ab. Sie hatten Zeugen vorgeladen, die aber keine überein-
stimmenden Aussagen darüber machen konnten, was Jesus Strafba-
res getan hätte. Jesus schwieg die ganze Zeit.

Da wandte sich der Hohe Priester an ihn selbst: „Sage es uns, bist du
Christus, der Sohn des Hoch Gelobten?" Er antwortete: Wenn ich es
euch sage, glaubt ihr mir nicht – und wenn ich euch frage, antwortet
ihr mir nicht.

**Aber von nun an wird der Menschensohn zur Rechten der Kraft
Gottes sitzen".**

Da fragten noch andere aus dem Hohen Rat nach: „Bist du denn
Gottes Sohn?" Jesus sprach zu ihnen:

„ I h r   sagt es!" - Da beschlossen sie, dass er wegen Gottesläste-
rung des Todes schuldig sei. „Er hat sich selbst zu Gottes Sohn gemacht!" - So behaupteten sie.

(:-/) Ist Jesus hier noch so klug wie bei den anderen Streitgesprächen? Wenn er weiter geschwiegen hätte, hätten sie ihn, wie es aus-
sieht, nicht verurteilen können.

(8-0> Hier ist der Moment der Wahrheit. Jesus verantwortet sich
vor der höchsten Instanz der Religion, der er sich immer noch verpflichtet fühlt. Er stellt sich den Repräsentanten auf Augenhöhe, als
er direkt gefragt wird. Er bekennt sich zu seiner Berufung, die sie
aber nicht anerkennen. Und dann spricht er prophetisch. Er sagt ihnen, was daraus   f o l g e n   wird, dass sie ihn zum Tod ausliefern.

Die Geisteskraft, die innere Bedeutung, alle Vollmacht, die der Geist
des Höchsten einem Menschen verleihen will, wird auf den Menschensohn übergehen. Denn Jesus hat sein Leben, seine Lehre und
sein Wirken vollständig nach dem Willen des Höchsten erfüllt. Sie

118

aber hetzen ihn zu Tode mit ihrem Nichtverstehen und mit ihren heuchlerischen Lügen. Sie wollten ihn zum Schweigen bringen. Doch ihre rein äußerliche Macht wird nur reichen, um seinen Leib töten zu lassen. -

ER SELBST, sein geistiges Gewicht, seine Kraft, das Reich der Himmel in Gang zu setzen, wird auf völlig neue Weise zum Leben erweckt werden.

Sie hatten **ihren** Plan, der Himmlische Vater den **seinen** ---

(:-/) An dieser Stelle habe ich doch noch eine Frage zum richtigen Verständnis. Der Hohe Rat fragt ihn: „Bist du der Christus?" Dieser Name scheint mir sehr wichtig, denn nach ihm benennen sich die Christen."

(8-0> Christus bedeutet „Der Gesalbte" und ist ein Ehren-Titel, der auf die alten israelitischen Könige zurück geht. Er bezeichnet die weltliche Macht, auf die Jesus ganz bewusst verzichtet hatte. Die Propheten Israels hatten vorausgesagt, dass ein neuer „Christus" in Israel auftreten wird.

Jesus hatte aber eine ganz andere Berufung, als König von Israel zu werden. Den Namen „Christus" gaben ihm seine Zeitgenossen, weil sie für ihn und seine völlig neue Wesensart, zu leben, zu lehren und zu wirken, keinen passenden Namen wussten.

So griffen sie auf den bekannten Ehren-Titel zurück. Dabei ist es geblieben, obwohl er nicht seinem Selbstverständnis entspricht.

Er selbst nannte sich „Menschensohn".

(8-0> Jesus ist sich ganz und gar bewusst, „wes Geistes Kind er ist". Er wusste, dass er nicht nur der Sohn von Maria und Josef ist. Er war durchdrungen vom mütterlich-väterlichen Geist der Liebe, der das ganze Universum von Anbeginn erfüllt. Im Vaterunser heißt „Vater" in seiner aramäischen Muttersprache „Awruun", und das bedeutet Vater und Mutter zusammen. Auch das ist eine Metapher, nicht bildlich gemeint.

Sie drückt die Bedingungslosigkeit mütterlicher Liebe aus und die ermutigende und fördernde Kraft der väterlichen Liebe. Dadurch wird sie vollständig.

In Jesus, dem Menschensohn und durch ihn ist sie gegenwärtig in jeder Begegnung mit den Menschen, denen er sich zuwendet. Darin waltet eine starke Inspiration und große Heilkraft - oder eine enorme Herausforderung, je nachdem, auf wen er trifft.

Die Selbstbezeichnung „Menschensohn" lautet auf aramäisch „bar naschá". „Naschá" heißt Mensch, und das Wort „bar" für Sohn enthält als Bedeutung, über die leibliche Herkunft hinaus, den Ursprung aus dem „Licht des Himmels" - das ist aus der verwandten aramäischen Silbe „aor" hergeleitet.

~:-o) Wenn Jesus sich schlicht „Menschensohn" nennt, liegt darin ja die Einladung, mit ihm in seine Herkunft einzutreten und ihm in seine Zukunft zu folgen. Wer das tut, wird des gleichen „Geistes Kind" und zu seiner Schwester oder zu seinem Bruder, wird ein Menschenmensch.

(:-/) Was meint ihr mit dieser Verdoppelung „Menschenmensch"?

(8-0> Der „Mensch" ist schon von vielen Ideologien missbraucht worden, als arischer Herrenmensch, als staatlich gelenkter sozialistischer Gesellschaftsmensch, als optimierter Leistungs- und Konsummensch und noch andere, die Menschen in Systeme pressen.

Die Doppelung besagt, dass es um den Menschen geht, so wie er ursprünglich geliebt und gemeint ist.

Damit wird klar, dass jedes Menschenbild überflüssig und schädlich ist, welches Menschen einseitig beurteilt und festlegt.

Der Menschensohn passt in kein Menschenbild.

(:-o) „Von nun an werdet ihr den Menschensohn zur Rechten Gottes sehen," spricht Jesus in der Verhandlung.

Die Männer des Hohen Rates verstanden das falsch. Sie meinten, er habe sich selbst dahin erhoben. Dabei beschrieb er nur, was sein himmlischer Vater mit ihm vor hat.

Nach der Verhandlung beim Hohen Rat verbrachte Jesus die Nacht als Gefangener.

Am anderen Morgen, dem Freitag vor dem Sabbat, brachten sie ihn gefesselt zu Pilatus, dem Statthalter, weil der die Macht hatte, Todesurteile auszusprechen und vollstrecken zu lassen.

Sie zeigten Jesus an und sprachen zu Pilatus: „Dieser Jesus von Nazareth hat sich selbst zum König Israels ernannt – das ist gegen den Kaiser!"

Pilatus verhörte Jesus und fragte ihn: „Bist du der König der Juden?" -

Jesus antwortete: „Das sagst du – aber mein Reich ist nicht von dieser Welt."

Vor dem Palast des Pilatus stand eine große Menge, denn Pilatus begnadigte jedes Jahr am Tage vor dem Passah-Fest einen zum Tode Verurteilten. Pilatus rief ihnen zu: „Ich finde keine Schuld an diesem Menschen. Seht! Hier ist Barabbas, ein verurteilter Räuber - und hier ist Jesus von Nazareth. Welchen von beiden soll ich euch frei geben? - Die Priester und Schrift-Gelehrten wiegelten das Volk auf, Barrabas zu wählen, und der Mob schrie: „Barrabas! Barrabas!"

Aber Pilatus wollte Jesus nicht hinrichten lassen. Er führte Jesus vor das Volk und rief: „Seht, ich bringe euch Jesus! Ich finde keine Schuld an ihm! Dass euch das klar ist!" -

Die Priester und Schriftgelehrten schrien skandierte Sprüche vor und stachelten das Volk zum Nachschreien an:

„Nach unserm Gesetz da muss er sterben!" - „Kreuzige, kreuzige ihn!" - „Er hat sich selbst zum König gemacht!" - „Lässt du ihn jetzt frei, bist du des Kaisers Feind!" -
und immer wieder: **„Kreuzige, kreuzige ihn!"**

Als Pilatus sah, dass der Tumult immer größer wurde und er nicht dagegen ankam, ließ er Wasser bringen, wusch sich die Hände vor dem Volk und rief ihnen zu: „Ich bin unschuldig an seinem Blut – jetzt seht ihr zu, wie ihr damit klar kommt!"

Dann ließ er Barrabas frei. Jesus ließ er abführen, zuerst zum Auspeitschen, dann zur Kreuzigung.

=ß-o) Dieser Abgrund von Hass und Gewalt macht mich fassungslos! Welch ein kollektiver Wahnsinn tobt in diesem Mob! Die Menge schreit nach Folter und Tod für den, der sie so sehr geliebt hat. Der so viele von ihnen geheilt hat. Wie konnte es seinen Widersachern gelingen, sie dahin zu treiben?

(:-o) Ja, das ist ein dunkles Geheimnis, dass Menschen in einer Masse ihr Menschsein vergessen und bösartig werden können. Ich kann es mir im Falle Jesu nur damit erklären, dass das Volk schon lange schwer traumatisiert ist, unterdrückt von dieser verhassten Besatzungsmacht. Sie hatten so sehr gehofft auf diesen Jesus von Nazareth, dass er zu ihrem Anführer werden könnte und ihr von Angst und Plage gezeichnetes Leben ändern würde.

Jetzt steht er da, gefesselt und ohnmächtig wie sie. Sie hassen sich selbst bei seinem Anblick. Da kann es den religiösen Führern gelingen, diesen Selbsthass auf Jesus umzulenken. Sie erweisen sich als zynische Meister der Manipulation.

=ß-o) Wie schrecklich! Und Pilatus - dieser Repräsentant des Schreckens! Er tut so, als sei er unschuldig – dabei ist das ganze römische System unmenschlich!

Pilatus ist darin selbst gefangen. Ihm fehlt der Mut, sein persönliches Gerechtigkeitsgefühl in die Tat umzusetzen. Sein Opportunismus, diesen Gerechten dem Mob zu opfern, damit endlich Ruhe herrscht, bringt letztlich Jesus ans Kreuz.

(:-o) So nimmt diese grausige Hinrichtungsroutine ihren Lauf. Sie gehört zu einem System der Abschreckung. Als erstes peitschen sie ihn aus, dann treiben sie sadistisch Schindluder mit ihm und „huldigen" diesem „König" mit einer Dornenkrone.

Sie nageln ihn für einen qualvoll langsamen Tod an dieses T- förmige Folter-Instrument aus zwei Balken.

Einige Umstehende, die bei ihm ausharren, hören ihn ein paar Mal „Eli, Eli!" seufzen und rufen. „Er ruft nach Elia", sagen sie zueinander. - Über Elia wussten sie, dass er nicht gestorben war, sondern direkt in den Himmel abgeholt wurde.

Stundenlang litt Jesus am Kreuz, dann schrie er noch einmal laut und hauchte seinen letzten Atem aus.

Ein Mann namens Joseph von Arimathia erhielt die Erlaubnis, Jesus in sein Felsengrab zu bringen. Sein Leib wurde einbalsamiert, in Tücher gewickelt und in die Grabhöhle gelegt. Vor den Eingang wurde ein schwerer Stein gewälzt.

Die Gruppe schweigt eine Weile, --- dann zeigt Nögg auf die Spitze des Türmchens der kleinen Waldkapelle, auf der ein verziertes Eisenkreuz prangt.

(:-/) Das da haben Christen aus einem Ausbund bösartiger Phantasie gemacht:

Etwas H ü b s c h e s . . .

~:-o) Sie haben es doch aus liebevoller Erinnerung hier her gebracht.

(:-/) Mir drängt sich gerade eine Frage auf. Vor Jesus wurden unzählige Menschen zu Tode gefoltert – und nach ihm ging es damit weiter – auch durch sogenannte „Christen" an so genannten „Ketzern".

Jesus war E i n e r davon. Er war sicherlich nicht der einzige Un-
schuldige.
Warum steht gerade ER so im Mittelpunkt der Menschheits-Ge-
schichte?

(8-0> Genau d i e s e r war – **einer zu viel!**

(:-/) Wie meinst du das, Mo? Jeder ist einer zu viel!

(8-0> Auf jeden Fall - von u n s aus betrachtet! --- Aber!
Von der Warte der Macht aus betrachtet, war E R d e r E i n e ,
den sie
zu viel hingemordet haben. Denn an ihm wurde die äußerste Grenze
jeder **äußerlichen** Macht deutlich. Mehr als foltern und töten können sie nicht. Als Jesus freiwillig da MITTEN HINDURCH geht,
beginnt ihre Ohnmacht. Sein Weg bricht alle Fundamente men-
schenfeindlicher Systeme.
Jesus hat in seinem Geist seinen Tod schon vorweg genommen. Er
hat so gelehrt und gehandelt, dass er diese Folge ganz bewusst vorher gesehen hat.
Dadurch ist er souverän und frei, den Tod auf sich zu nehmen, wenn
der richtige Zeitpunkt dafür gekommen ist.
Er tat es aus selbstloser Liebe. Sein Opfer offenbart uns die höchste
Geistesstärke, zu der ein Mensch fähig ist. Diese unendliche Liebe
über den Tod hinaus weckt als Resonanz darauf die Gegenliebe von
immer mehr Menschen, so sehr, dass sie bereit sind, ihm auf seinem
Weg nachzufolgen. Diese Liebe ist die höchste geistig-seelische
Kraft.

(:-o) **„Die Zeit ist gekommen!"** - sagte Jesus schon am Anfang.
Mindestens seit der Zeit der ersten Großreiche sucht die Menschheit
Antworten auf die Frage:

Wie wird das Zusammenleben einer größeren Gesellschaft menschengemäß gestaltet? Darauf gab es zwei, die am machtvollsten wirkten. Die

eine war seit den Pharaonen Ägyptens die Organisation der äußeren, weltlichen Belange in möglichst weiträumigen **Imperien.** Zur Zeit Jesu war es das römische Imperium. Die andere war das Bedürfnis von Gesellschaften, „EINES SINNES" zu sein. Diesen Zusammenhalt suchten sie durch **religiöse oder ideologische Denkgebäude,** Rituale und Mythen zu erreichen. Das war für Jesus in seiner Zeit das, was aus der Mosaischen Gesetzesreligion geworden war. Im römischen Reich war es der Cäsaren-Wahn, das der Kaiser ein Gott sei. Er blickte da scharfsinnig durch und wusste, dass „ihre Zeit gekommen war". Sie hatten ihr Mitgefühl, ihre ursprünglich lebendige Kraft und damit ihren G e i s t verloren.

Das haben sie damit, dass sie durch ihr Zusammenwirken d i e s e n Menschen ermordet haben, an s e i n e m Beispiel deutlich erwiesen!

Damit werden alle, die in Machtimperien - und in Ideologien - Menschen beherrschen und ausnutzen, als v o r – J e s u a n i s c h entlarvt,

jedenfalls entsprechend ihrer i n n e r e n B e d e u t u n g .

~:-o) Mit diesen beiden Feststellungen, der Machtgrenze - und der Zeitbestimmung in ein Vorher und ein Nachher - nähern wir uns der Bedeutung des Kreuzestodes an.

Er markiert nicht das Ende, sondern den Anfang!

Am dritten Tag danach verharrten die Jünger voller Trauer und Angst in ihren Verstecken. Da geschieht, was keiner für möglich gehalten hätte:

Das überraschende, freudige Wiedersehen! Jesus lebt!

Er ist wieder bei ihnen!

Die Jesusbewegung ist tot – gewesen. Jetzt feiert sie Auferstehung.

Mit **Ostern** beginnt alles neu!

Der Menschensohn Jesus belebt und erfüllt alle seine Freundinnen und Freunde mit seinem Geist. Sie müssen erzählen, wovon ihr Herz voll ist.

Er erschien ihnen als Verwandelter, als Mensch der Höheren Sphäre; so ging er mit ihnen, sprach mit ihnen und schickte sie neu ins Leben.

Er verwandelte die scheinbar gescheiterte Jesus-Bewegung in eine Gemeinschaft voller Liebe und Vertrauen, die vom Geist erfüllt erstrahlte und viele Menschen anzog und begeisterte.

(:-o) **Die Ich-Revolution ist eine Auferstehung!**

+*+*+ Wach auf, der du schläfst und steh auf von den Toten!
(Paulus von Tarsus , Epheserbrief 5,14)

Auch das System der Ausbeutung unseres Planeten, seine Ungerechtigkeit und Zerstörungskraft ist eine tote Maschinerie und muss enden.

So möchte ich noch einen wichtigen Impuls aufgreifen, den Jesus von Nazareth in die Welt gebracht hat: Seine **Eschatologie.** Seine geistige Kraft wirkt auf besondere Weise. Mit jedem Menschen, auch mit jeder Gemeinschaft von Menschen, handelt er **eschatologisch.**

(:-/) Noch so ein Fremdwort. Was besagt es?

~:-o) Es fasst in einem Wort zusammen, was Menschen konkret in jeder Begegnung mit ihm erleben. Menschen haben Fragen, innere und äußere Nöte, sind zuversichtlich oder verzweifelt. Manche kriti-

sieren ihn oder hassen ihn gar. Nur einem der Reichen scheint es rundum gut zu gehen, und er fragt Jesus, was er nun tun kann. Jesus nimmt jede und jeden mit tiefem Verständnis an. Er erkennt und versteht die gegenwärtige Lage. Und dann weiß er klar, **„wofür die Zeit gekommen ist"**.

Dadurch gibt er den entscheidenden Impuls, der von hier und jetzt an in eine vollständig gute Zukunft führt. Diesen Impuls anzunehmen, bleibt in der Freiheit eines Jeden, auch die Möglichkeit, ihn zu verpassen. Jesus sagt oder tut, was zu einem befreienden Zugang zum „Himmelreich" führt.

Dass er zu dem Reichen sagt: „Verkaufe, was du hast, schenke es den Armen und folge mir nach!" - ist so ein Beispiel. Jesus liebt ihn und erkennt, wie es am **Ende am besten** für ihn ausgehen kann - Der geht aber leider traurig davon ... Für das **„endgültig Beste"** die Tür zu öffnen, das ist **eschatologisch**. Im Wort **„Eschaton"** steckt das Wort „Ende".

Dazu ruft Jesus auch uns Heutige auf: So intensiv wie möglich in möglichst vielen Situationen – **wach zu sein, auf das Ende zu sehen,**

eschatologisch zu erkennen, mitzufühlen, zu sprechen und zu entscheiden.

(:-o) Darum trifft der Ruf: **„Metanoiete!** - uns gerade jetzt ganz besonders!

Die Wirtschaftsmächte mit ihrer Geld-Konzentration bei Wenigen - was den Vielen das Gute Leben wegnimmt - haben ihre innere Bedeutsamkeit verloren, weil sie nicht für Gerechtigkeit sorgen. -

Die jetzige Industrie-Maschinerie hat ihren helfenden Sinn verdorben, weil sie Menschen von ihrer eigentlichen Menschlichkeit entfremdet und die Schönheit und die natürlichen Lebens-Grundlagen für Menschen und Tiere zerstört. -

Die Weltreiche haben ihre schützende Bedeutung verloren, weil sie alles Leben mit totaler Vernichtung bedrohen. - Diese Zustände von ihrem Ende her zu betrachten, heißt zu erkennen, dass diese drei keine Zukunft haben.

Gleichzeitig ist die Aufgabe der heutigen Zukunfts-Bewegten, geistvoll voranzutreiben, was auf Dauer einen guten inneren Wert hat.

Gewandelte Menschen werden aus der neuen Geisteshaltung von selbst anders leben, werden aus Liebe zum Leben eine sinnerfüllte Zukunft erschaffen und kreative Ideen dafür entwickeln.

Der Endgültige Mensch Jesus von Nazareth wird uns beistehen. „Ich lebe – und ihr sollt auch leben!" - ruft er uns zu.

(8-0> Zur täglichen Vergewisserung gibt uns Jesus das Vaterunser, zum Beten oder zum Meditieren. Ich möchte meinen Versuch, das **Vaterunser eschatologisch** zu verstehen, mit euch teilen.

Vater unser im Himmel -	**Du Universeller Geist der Liebe**
geheiligt werde dein Name.	Verborgen hinter Allem - Deine Gegenwart sei uns das Allerwichtigste.
Dein Reich komme	Erfülltes Leben in deiner Nähe
Dein Wille geschehe.	Bestimme unser Handeln,
Wie im Himmel	Wie in der angesagten Zukunft
So auf Erden.	Schon ab jetzt.
Unser tägliches Brot	Die Gewissheit deines Beistands
Gib uns heute.	Stärke uns für morgen.
Und vergib uns unsere Schuld	Nimm uns an mit unserer Schuld
Wie wir vergeben	in dem Maße, wie wir barmherzig sind

unseren Schuldigern.	Mit denen, die an uns schuldig wurden.
Lass uns nicht in das Verderben[7] führen	Die Widersacher des Lebens verführen uns zu einem Ende durch Zerstörung;
Sondern erlöse uns von dem Bösen.	Lass uns von ihnen frei sein.
Denn Dein ist das Reich	Denn Dein ist das Himmelreich
und die Kraft und die Herrlichkeit	und die Macht der Liebe
In Ewigkeit	und das Gewicht tiefster Bedeutsamkeit über alle Epochen hinaus.

Wir schauen uns noch einmal still um an diesem besonderen Ort, den ChristInnen so liebevoll gestaltet haben.

---

7   Milan Machovec macht in seinem Jesus-Buch aufmerksam, dass das griechische „eis peirasmon" richtig mit „ins Verderben" übersetzt werden müsste anstatt „in Versuchung"

Auf dem Rückweg von der Waldlichtung mit der Kapelle kehren wir ein in eine Wirtschaft des benachbarten Weindorfs. Dort essen wir gemeinsam zu Abend.
Beim Tischgespräch geht es um den Wikileaks-Gründer
Julien Assange
Sein Asyl in der Botschaft von Equador wurde beendet. Er wurde in den Hochsicherheitstrakt eines Londoner Gefängnisses gebracht. Dort ist er eingesperrt, weil er die Wahrheit über Kriegsverbrechen veröffentlicht hatte. Aber die Verbrecher sind frei.
Einer seiner Mitstreiter schrieb darüber:

„Das Ideal der Wahrheit ist auf Dauer mächtiger als das Imperium".

Da sehen wir eine Abwandlung der Jesus-Geschichte in unserer Zeit.

Zur Weiterarbeit:

- Milan Machovec: „Jesus für Atheisten"

- Günther Schwarz: „Worte des Rabbi Jeschu". Günther Schwarz übersetzt sie aus dem Aramäischen, der Muttersprache Jesu. Dieses Werk kann man sich kostenlos von der Website „Jesus-Forscher.de" herunterladen.

- Wolfgang Stegemann: „Jesus von Nazareth – Hoffnung der Armen."

Jesus sah sie der Reihe nach an

- AUFBRECHEN -

9. Session: „ ... und der Geist wirkt doch!"

Den Abschluss unserer Treffen möchten wir als einen Höhepunkt begehen. Dafür machen wir einen Ausflug zum Schauinsland. Das ist ein Schwarzwald-Berg in der Nähe Freiburgs. Wir fahren mit einem Bus zur Talstation der Seilbahn, deren Gondeln bis zur Nähe des Gipfels hinauf schweben. Die Häuser von Freiburgs Außenbezirk sehen wir immer kleiner werden. Von der Bergstation laufen wir bis zum Aussichtsturm auf dem Schauinsland und steigen hinauf. Von dort haben wir einen herrlich weiten Blick auf die Berge und in die Täler des Hochschwarzwalds.
Darum geht es uns heute: UM WEITBLICK! -
Wir gehen wieder zurück zur Seilbahn-Station. Im Restaurant dort haben wir einen Tisch auf der Aussichtsterrasse reserviert. Wir setzen unsere Gespräche fort.

(:-/) Diese Session trägt also das Motto: „ ... und der Geist wirkt doch!" Soll das eine Antwort sein auf den aufklärerischen Satz von Galileo Galilei: „ ... und sie bewegt sich doch" - nämlich die Erde um die Sonne?

(:-o) Das hast du richtig erkannt. Die Forscher und Denker der Aufklärung gelangten zu der an sich richtigen Überzeugung, dass **Dogmen den Geist einschränken.** Aber sie schossen weit über das Ziel hinaus. Anstatt Dogmen abzuschaffen, richteten sie ihr eigenes auf. Sie behaupten bis heute: Das einzige, das sich objektiv beobachten und bearbeiten lässt, sei die Materie. Also müsse die Materie selbst alle Fähigkeit zur Entwicklung in sich tragen. Demnach habe sich Materie entwickelt und entwickelt, bis sie Leben hervorgebracht hat. Das Leben habe sich weiter und weiter entwickelt von den Einzellern bis zur Krönung von allem:

Dem menschlichen Gehirn.

Der Geist wäre demnach ein Produkt menschlicher Gehirne. Wenn dieses Dogma das Ergebnis der Aufklärung sein sollte,

schränkt es den Geist allerdings ganz gewaltig ein!

(:-/) Ich höre da deutlich die Ironie heraus …

(8-0> Das „Produkt menschlicher Gehirne" scheint noch nicht einmal fähig zu sein, die Selbstvernichtung der eigenen Spezies zu verhindern. Also ist die Evolution nicht sehr weit damit gekommen, intelligentes Leben zu entwickeln. Kein Satiriker könnte sich schwärzeren Humor ausdenken.

=:-o) Dazu kann ich noch eine weitere „Ironie" beitragen. Ausgerechnet Physiker, die zu allererst die Materie und ihre Funktionsgesetze erforschen, erkennen eine Umkehrung des Verhältnisses zwischen Geist Materie und kippen das Dogma der Materialisten. Sie nennen ihr Forschungsgebiet „Quantenphysik" und arbeiten mit kleinsten atomaren Teilchen, die sie mit dem Oberbegriff „Quarks" benennen.

Aus der Beobachtung, dass und wie die „Quarks" miteinander kommunizieren, schließen sie, dass sie im Übergangsbereich zwischen Geist, Energie und Materie angesiedelt sind. Dabei muss der Geist der Materie vorausgehen, sonst könnte das wunderbare Gleichgewicht der Kräfte nicht bestehen.

Der Geist baut die Materie! Mit diesem Wissen bringen diese Physiker das, was vorher auf den Kopf gestellt worden war, wieder in die richtige Reihenfolge.

Schon die griechischen Philosophen erkannten, dass eine geistige Ordnung der materiellen voraus geht und nannten sie den „Logos".

Der Evangelist Johannes greift das auf und beginnt sein Evangelium mit den Worten: „Im Anfang war der Logos".

~:-o) Im Folgenden schreibt Johannes: „In ihm ist das Leben, und das Leben ist das Licht der Menschen". In Jesus, dem Menschensohn, ist er besonders wirksam.
In der vorigen Session dort bei der Waldkapelle habe ich mich dazu bekannt, was Jesus für mich bedeutet. Ich sagte, er ist für mich:
Der Endgültige Mensch, der Menschenmensch. Damit meine ich: so wie Jesus lehrt, unter seinen Mitmenschen heilsam wirkt und sein Leben für sie einsetzt, gibt er mir Orientierung dafür, was Menschsein im Tiefsten bedeutet. Wenn ich sage, dass er lebt, dann meine ich seine Geisteskraft, die bis heute wirkt und auch in Zukunft weiter Menschen begeistern wird. Ich meine aber nicht, dass sein Wirken auf eine Religion und schon gar nicht auf eine der christlichen Kirchen begrenzt ist.

(:-/) Soweit kann ich mitgehen. Aber du hast auch gesagt, dass er uns zum Himmelreich führt, wenn wir ihm folgen. Du vermeidest zwar, es das Reich Gottes zu nennen, aber ich höre doch heraus, dass du von einem metaphysischen Bereich sprichst, in dem nach deinem Verständnis eine Gottheit waltet.
Davon habe ich mich verabschiedet und bin nicht konfessionell gebunden. Jesus sagt: „Unser Vater im Himmel". Ist er also doch eine religiöse Gestalt?

(8-0> Mit einer Anrede treten wir in eine Beziehung ein. In der vierten Session sprachen wir von Liebe. Gläubige verbinden sie mit Gott und sprechen ihn als liebenden Vater an.
Dir schlage ich vor, mit dem Vaterunser niemanden anzubeten, sondern mit der Anrede: „Du universeller Geist der Liebe" eine Meditation zu beginnen. Damit kannst du dich dem Kraftfeld eines liebevollen Geistes nähern.

(:-o) Ohne religiös zu werden, kannst du anstatt vom „Himmelreich" von einer Welt der Zukunft reden, in der Gerechtigkeit und Friede herrschen. Die ist jetzt ebenso unsichtbar. Aber den Weg dahin kannst du jetzt schon erkennen und betreten.

(:-/) Das ist mir doch jetzt ziemlich abstrakt, was ihr damit meint. Könnt ihr mir vielleicht konkrete Beispiele erzählen?

(:-o) An einer kurzen Szene ist mir das klar geworden.
Die junge Studentin **Sophie Scholl** war zum Tode verurteilt, weil sie zusammen mit ihrem Bruder Hans in der Gruppe „Die Weiße Rose" zum Widerstand gegen Hitler aufgerufen hatte. Als sie aus dem Gerichtssaal herausgeführt wurde, war ihr nur eine sehr kurze Begegnung mit ihrer Mutter im Vorbeigehen vergönnt. Ihre Mutter rief ihr zu: „Gell, Sofie, JESUS!" Sofie antwortete: „Du aber auch, Mutter!"
So viel Liebe, so viel Trost, seelische Kraft und unzerstörbare Menschlichkeit liegen in diesem kurzen Moment der Macht seines Namens --- fast 2000 Jahre nach seinem Auftreten.

(:-/) Ja, das ist ein bewegender Moment, der mich tief beeindruckt. Sofie Scholls und das Leben ihres Bruders Hans gingen grausam zu Ende – die Mutter verlor gleichzeitig ihren Sohn und ihre Tochter. Und doch versanken sie nicht in Verzweiflung. Sie wussten, dass sie es für eine bessere Zukunft durchlitten.
Jesus war der NAME, in dem das alles enthalten ist. Das kann ich verstehen.
Hier geschieht etwas, das über die Einzelschicksale hinaus geht und die Menschheit als Ganzes betrifft.

(8-0> Mit JESUS, dem Menschensohn, beginnt eine neue geistige Kette der großen Namen, die weltweit Gewicht haben und über alle Grenzen hinweg leuchten. Beispielhaft nenne ich Franz von Assisi,

Mahatma Gandhi, Martin Luther King, Oskar Romero und Nelson Mandela, jeder stellvertretend für einen Kontinent.

In der Kraft, im Licht solcher Namen können sich Menschen aller Kontinente auf eine gemeinsam zu erstrebende Zukunft einigen. Die fünf Genannten und viele andere haben mit gewaltfreien Mitteln, aber unter Einsatz ihrer ganzen Existenz dafür gekämpft.

Jeder von ihnen hat den Impuls von Jesus dem Menschensohn auf seine eigene Art übersetzt.:

„Setzt euch als Erstes und Wichtigstes für das Himmelreich ein" (Matth. 6,33)

Das taten sie aufgrund lebensfeindlicher Zustände in ihrer Zeit und ihrer Gesellschaft, die so nicht bleiben konnten. Sie bahnten einen Weg in die Zukunft.

Franz von Assisi stammte aus reichem Hause, machte aber eine innere Umkehr durch. Er trat um 1200 in Italien im Kontrast zu den Kirchenoberen auf, die von Geldgier und Machtstreben korrumpiert waren. Er zog, dem Beispiel Jesu folgend, als armer Wanderprediger durch das Land. Er erinnert die Christen daran, selber auf Macht und Reichtum zu verzichten, den Armen beizustehen und so das Reich Gottes voranzutreiben.

Er pflegte und lehrte einen achtsamen Umgang nicht nur mit Menschen, sondern auch zu unseren Mitgeschöpfen, den Tieren.

Franz von Assisi war auch ein Mann des Friedens und pilgerte unbewaffnet als Mönch nach Jerusalem und bemühte sich, den islamischen Sultan und den Heerführer der so genannten christlichen Kreuzfahrer zu Friedensverhandlungen zusammen zu bringen.

Der jetzige Papst Franziskus nennt sich nach ihm und greift seine Impulse wieder auf.

Er setzt Zeichen für einen bescheideneren Stil in der Kirche, wusch Strafgefangenen die Füße und tritt in seinen Reden für Frieden, Bewahrung der Schöpfung und die Rechte der Armen ein. Er stößt auf großen Widerstand bei einem Teil der Kardinäle und Bischöfe.

=ß-o) **Mahatma Gandhi** kämpfte zwischen 1915 und 1948 für die Freiheit und Würde der Inder gegen die koloniale Fremdherrschaft und Ausbeutung. Obwohl er kein Christ war, sondern Hindu, diente ihm die Bergpredigt Jesu als Grundlage für sein Handeln, neben den Lehren Buddhas und den Schriften von Leo Tolstoi.

Besonders zukunftsweisend sind seine einfallsreichen und vielfältigen Formen von gewaltfreiem Widerstand. Er entwickelte passive Formen wie Gehorsamsverweigerung und Boykotts und aktive, wie zum Beispiel den großen Salzmarsch.

Das war ein Sternmarsch zu den Salzgewinnungsstätten am Meer. Die Briten erhoben eine Salzsteuer, weil jeder Salz braucht und bewachten die Produktion. Als nun viele Tausende heranströmten, um sich Salz umsonst zu holen, konnten sie sie ja nicht alle erschießen. Ihr koloniales System war im Zentrum getroffen.

Angesichts der sich zuspitzenden Krisen des 21. Jahrhunderts werden die Frauen und Männer, die für die Zukunft der Menschen kämpfen, ähnliche und eigene Formen des gewaltfreien Widerstands finden und mit verstärkter Wirkung einsetzen. Wir sehen Anfänge davon in der Fridays for Future-Bewegung und der Extinction Rebellion.

Mahatma Gandhi lebte sehr bescheiden und lehrte die Inder, sich mit einfachen Mitteln selbst zu helfen, um sich zu ernähren und zu kleiden. Sein Markenzeichen dafür war das Spinnrad. Er spann Wollfäden für seine Kleidung und gab damit das Vorbild, Kleidung selbst herzustellen und sie den Briten nicht mehr abzukaufen. Die sollten keinen Profit aus ihrer Besatzung ziehen können und dann selbst einsehen, dass es ihnen nichts mehr bringt und „nach Hause" gehen.

Der Name Mahatma bedeutet „Die große Seele". Für ein erfülltes Leben in der Zukunft setzte Gandhi auf gegenseitige Hilfe in überschaubaren Gemeinschaften, die er selbst gründete oder besuchte und unterstützte.

(:-/) An welcher zentralen Stelle kann die heutige Generation das zerstörerische System der Gier, Macht und Gewalt treffen und kippen? Mit welchen Maßnahmen können die Menschen von heute die Verhältnisse in Richtung Gerechtigkeit, Frieden und ökologisches Gleichgewicht umkrempeln?

=ß-o) Um auf diese beiden Fragen Antworten zu finden, sollten viele geistig rege und kreative Menschen zu einer großen Bewegung zusammenkommen. Zwei zentrale Stellen, um wirkkräftige Hebel am System anzusetzen, zeichnen sich bereits ab. Der eine greift in seine Notwendigkeit zur rastlosen und schnellen Bewegung von Menschen und Waren, ohne die das System nicht funktioniert. Es kann verlangsamt werden, wenn eine genügend große Anzahl daraus aussteigt und eigene Lebensmodelle verwirklicht. Zudem kann es durch Aktionen des gewaltfreien Widerstands abgebremst werden.
Ein weiterer kräftiger Hebel ist, dem System so durchdacht und umfassend wie möglich das Geld zu entziehen. Das muss heute selbstverständlich anders gemacht werden als zu Gandhis Zeiten in Indien. So kann es losgehen: Konten nur bei ethisch und ökologisch arbeitenden Genossenschaftsbanken unterhalten, vermeiden, in Filialen von Konzernen einzukaufen, auch nicht online, Smartphoneverträge kündigen und höchstens noch mit einfachen Handys telefonieren, sowie biologisch gesund essen und sich kleiden. Da ist der Kreativität keine Grenze gesetzt.
Welche Person meint, sich mit teuren Statussymbolen soziale Anerkennung zu verschaffen, die sollte eher mit Nichtachtung rechnen müssen – nicht als Mensch, sondern für die Protzobjekte.

~:-o) Gandhis Prinzip des gewaltfreien Widerstands inspirierte auch die Menschen, die rassistisch diskriminiert wurden. In den USA kämpfte **Martin Luther King** für gleiche Rechte der Farbigen und für ein friedliches Miteinander von Dunkelhäutigen und Weißen.

Für ihn sind alle Menschen vom himmlischen Vater geliebt und haben die gleiche Würde, ganz gleich mit welcher Hautfarbe.

Eine der wirksamsten Aktionen, zu denen Martin Luther King aufrief, war der **Bus-Boykott in Montgomery** im Jahre 1955. In den Bussen waren getrennte Abteile für Weiße und Schwarze, die Sitzplätze vorn für die Weißen, hinten dicht gedrängt auf Stehplätzen die Farbigen, egal ob behindert, alt oder hochschwanger. Das wollten sie abschaffen und gingen so lange zu Fuß, bis die Busgesellschaft die Verluste nicht mehr verkraften konnte und die Trennung aufheben musste. Das dauerte wochenlang.

Viele Aktionen im kleineren Maßstab folgten. Sie suchten konsequent Gaststätten und Veranstaltungen auf, wo die Weißen die Farbigen ausschlossen. Ihre AktivistInnen übten ihre gewaltfreien Aktionen in Trainingslagern ein, um bei Beleidigungen und gewalttätigen Übergriffen der Weißen ruhig und fest bleiben zu können.

Das Markenzeichen dieser Befreiungsbewegung ist das Lied: „We shall overcome – black and white together." - „Wir werden gewinnen – schwarz und weiß zusammen".

„We shall live in peace" - „Wir werden in Frieden leben" - „We are not afraid" - „Wir haben keine Angst". In diesem Lied spüre ich den Geist des Himmelreichs. Es wurde bei ihren Treffen gesungen.

(8-0> Mit einem anderen Menschheits-Problem musste sich **Oskar Romero** in dem lateinamerikanischen Land El Salvador auseinandersetzen.

Im Jahre 1970 wurde Oscar Romero zum Bischof von San Salvador gewählt. Der Haupt-Konflikt im Lande war das Macht- und Reichtums-Gefälle zwischen den Groß-Grundbesitzern und den armen Campesinos, den Landlosen und Kleinbauern.

Die Staatsmacht war auf Seiten der Oligarchen. Die Campesinos organisieren sich und senden Vertreter, um mit der Regierung Gesetze für eine gerechtere Verteilung der Ländereinen auszuhandeln. Gegen sie wurden Todesschwadronen eingesetzt, die in Trainingslagern in den USA ausgebildet wurden. Sie unterdrückten die Campesinos bis hin zu Entführung, Folter und Mord.

Ein großer Teil der Kirchenleitungen in lateinamerikanischen Ländern, deren Vertreter Befreiungstheologen genannt werden, stellt sich auf die Seite der Campesinos. Deren Priester werden ebenso verfolgt und ermordet. Sie handeln gemäß eines Beschlusses einer Konferenz der lateinamerikanischen Kirchen in Medellin in Kolumbien:

„Die Kirche versteht sich als Volk Gottes und identifiziert sich mit den Leiden und Hoffnungen des Volkes, insbesondere der Unterdrückten … Aus diesem Grunde ist es der Kirche bestimmt, sich als subversive Institution gegen eine Sozialordnung zu wenden, die auf Ungerechtigkeit, Ausbeutung und Unterdrückung gründet."

So wird die Kirche zur Jesus-Bewegung, die das Himmelreich vorantreibt.

Oscar Romero wurde zu einem der führenden Vertreter der Befreiungstheologie.

Er hatte ja keine anderen Machtmittel als das Wort, um in Predigten und Hirtenbriefen für eine gerechte Ordnung einzutreten.

Das Wort setzte er noch auf andere Weise ein.

In ganz El Salvador gab es nur gleichgeschaltete Medien, die einhellig Propaganda für das herrschende System machten. Oscar Romero betrieb einen Rundfunksender, mit dem er sich direkt an das Volk wandte. In einer seiner letzten Sendungen sprach er Soldaten an. Er rief sie auf, Befehle zu verweigern, auf das eigene Volk zu schießen.

(:-/) Hatte Oscar Romero keine Angst, sich in diesen Sender zu setzen und zu sprechen?

(8-0> Einem Besucher, der ihn das fragte, antwortete er: „Angst nicht, aber Furcht."

(:-/) Was ist denn da der Unterschied?

(8-0> Er hatte keine solche Angst, die ihn daran hindern konnte, seinen inneren Auftrag zu erfüllen. Aber Furcht vor einem plötzlichen und gewaltsamen Ende hatte er schon.

Die Mächtigen fürchten nichts so sehr wie die Wahrheit. Ein Killer der Todesschwadron erschoss 1980 Oscar Romero, als er gerade bei einer Andacht im Krankenhaus die Einsetzungsworte zum Abendmahl sprach.

An seiner Beerdigungsfeier nahmen über einhunderttausend Menschen teil, alle unbewaffnet. Plötzlich schossen Scharfschützen in die Menge. Dadurch entstand eine Massenpanik, in der viele Menschen starben. Diese Taten lösten einen Bürgerkrieg in El Salvador aus, der zwölf Jahre dauerte.

Wer immer einen Gerechten durch Mord zum Schweigen zu bringen meint, bewirkt damit nur, dass die Wahrheit umso lauter erschallt.

=ß-o) In Südafrika setzte sich **Nelson Mandela** sein ganzes langes Leben für die Menschenwürde und die freie Entfaltung aller Menschen ein, unabhängig von ihrer Hautfarbe. Es war ein Jahrzehnte langer, harter und entbehrungsreicher Kampf. Die Regierung hatte 1948 per Gesetz eine strikte Rassentrennung eingeführt und ließ ihre Einhaltung polizeilich und geheimdienstlich überwachen. Auch Mischehen waren verboten. Nelson Mandela gehörte zur Führung des ANC, des African National Congress, der die Aufhebung der Rassentrennung und soziale Gerechtigkeit für die farbige Bevölkerung forderte. Der ANC wurde verboten und von der Regierung verfolgt. Die Formen des Widerstands folgten dem Vorbild Mahatma Gandhis. Die Regierung ließ aber den gewaltfreien Weg der Veränderung nicht zu. Die Militärs scheuten sich nicht, in friedlich protestierende Menschenmengen scharf zu schießen und hunderte zu töten. Immer wieder. Nelson Mandela erkannte, dass es die Menschenwürde verzerrt, wenn der Mensch immer nur Opfer bleibt. Er unterstützte die Gründung eines kämpferischen Flügels des ANC, der mit

Guerillataktiken operierte. Nur so würden die Schwarzen eine Verhandlungsposition für ihren Freiheitskampf aufbauen. Mandela musste seine Familie verlassen und in den Untergrund gehen.

1963 wurde er verhaftet und musste 27 Jahre Haft im Gefängnis ertragen. -

Trotzdem blieb er bei seiner Grundhaltung, den Wandel mit humanitär verantwortbaren Mitteln zu bewirken.

Die Machthaber konnten ihn einsperren, aber nicht seinen Geist und sein Charisma.

Die ganze Welt nahm Anteil an dem Kampf der Farbigen Südafrikas gegen die Apartheid. Weltweite Empörung wurde ausgelöst, als streikende SchülerInnen während ihres Protestzuges von Polizei-Kräften erschossen wurden. Viele Kinder wurden getötet! Das geschah 1976 in Soweto. Das Regime der Weißen wurde international zunehmend politisch und wirtschaftlich isoliert.

1989 wurde Frederik de Klerk neuer Präsident Südafrikas.

Er machte einen **inneren Wandel** durch! Aus einem entschiedenen Befürworter der Apartheid wurde ein Mensch mit Gewissen, der erkannte, dass die Politik der Rassentrennung zu einem Bürgerkrieg führen würde .

Er verfügte 1990 die Freilassung Nelson Mandelas und von weiteren 120 politischen Gefangenen. Den ANC und einige weitere Organisationen ließ er legalisieren. Doch jetzt drohte Gefahr von der anderen Seite. Wütende Schwarze wollten den gewaltsamen Kampf fortsetzen. Nelson Mandela sprach in einem Aufruf im Rundfunk zur Bevölkerung Südafrikas: „Ihr werdet die Weißen niemals im Krieg besiegen, aber bei Wahlen könnt ihr es! Das geht aber nur auf friedlichem Wege, wenn wir nicht Rache üben, sondern Vergebung. Folgt mir auf diesem Wege!"

Frederik de Klerk und Nelson Mandela setzten einen Verhandlungs-Prozess in Gang, der bei einer Übergangszeit von fünf Jahren zur Aufhebung der Apartheid und zum allgemeinen Wahlrecht für die gesamte Bevölkerung Südafrikas führen sollte. De Klerk gewann

zwei Drittel der Weißen bei einer Abstimmung für ein solches Umdenken.

1993 wurden de Klerk und Mandela mit dem Friedens-Nobelpreis
ausgezeichnet.

Bei den ersten allgemeinen freien Wahlen in Südafrika gewann der
ANC die absolute Mehrheit.

Nelson Mandela wurde 1994 zum Präsidenten Südafrikas gewählt.

Dieses Freudenfest war hinreißend!

~:-o) Aus diesen weltbewegenden Beispielen können wir erfahren,
wie der Geist wirkt: Mit wenigen Geisterfüllten Menschen kommen
die Anfänge einer Bewegung in Gang, die ein Feuer der Begeisterung entfacht, das sich ausbreitet. Ein scheinbar unüberwindliches
System voller Macht und Gewalt, das lebensfeindlich ist, kippt und
versinkt in der Bedeutungslosigkeit. Aber das braucht Zeit!

Als Wirkkräfte des Geistes werden erlebt:

Liebe	-	Weitsicht, Klugheit und Kreativität
Charisma, Begeisterung	-	Bereitschaft, zu verzichten
Wahrhaftigkeit	-	Leidenschaft für Gerechtigkeit
aktive Friedensliebe	-	hilfsbereites Mitgefühl
Freiheitsstreben	-	Selbsterkenntnis, Impuls zur Um-kehr
Bereitschaft, zu verge-ben	-	Zuversicht und Humor

Diese zwölf sind mir als innere Kräfte für eine Ich-Revolution ein-
gefallen.

144

Die gute Nachricht für Gläubige ist: Sie können den Geist, der diese Gaben verleiht, herbeirufen! Er wird kommen und in ihnen wirken, wenn sie ihn erbitten.

(:-/) Und die gute Nachricht für Skeptiker: Sie können sich meditierend auf diese Geisteshaltungen einstimmen. ...Okay, ich habe verstanden ...
Diese fünf berühmtesten Charismatiker beeindrucken mich sehr, wie sie in der Menschheitsgeschichte wirken. Sie rufen uns ja auf, uns ähnlich einzubringen, aber im Kleinen.
Ich bin ja nicht ausschließlich mit den großen Weltdramen konfrontiert. So möchte ich gerne noch einen Bogen in meine Nahbereiche ziehen, zu den persönlichen, alltäglichen Angelegenheiten.

=ß-o) Ja, das ist mir auch sehr wichtig, die Folgen dieser Geisteshaltung ebenso für das nähere Umfeld zu betrachten. Im Alltag folgen ja konkrete Situationen aufeinander, die von mir Entscheidungen erfordern.
Sie betreffen meine Aufgaben, meine Interessengebiete und auch meinen Umgang mit mir selbst. Nun kann ich die zwölf Geistesgaben nochmals durchgehen und kann prüfen, ob sie in meinem Nahbereich ebenso richtig und wirkungsvoll sind.

Sofie reicht der Gruppe eine Aufstellung der zwölf Wirkungen des Geistes und fordert sie auf, sie sich für den persönlichen Nahbereich vorzustellen.

(:-/) Nun ja, sie sind nicht immer alle gleichzeitig aktiv, aber aufs Ganze gesehen, wirken sie dort genau so. In schwachen Augenblicken ertappe ich mich aber doch dabei, wie ich positives Interesse vorspiele, obwohl mir die geäußerten Ansichten missfallen, weil ich höflich sein möchte. Oder ich stimme zum Schein zu, wenn über einen Dritten abfällig gesprochen wird, um nicht selbst ins Abseits zu

geraten. Oder ich wende Tricks an, um bei Eigeninteressen zum Erfolg zu kommen.

(:-o) Wer kann schon von sich sagen: ‚Das kommt bei mir nicht vor?' Ich nicht. Und doch sollten wir uns nicht einbilden, solche und ähnliche Mogeleien wären folgenlos.

Sie halten ein gesellschaftliches Räderwerk am Laufen, schablonisieren uns und ketten uns an das übliche: ‚Das machen doch alle so.'

Der Geist ruft uns statt dessen auf, nicht einfach mit dem Gewesenen weiter zu machen. Dem Leben dient vielmehr, diese Ketten zu zerbrechen. So können wir eine Zukunft heraufführen, die sich von der Vergangenheit unterscheidet.

(:-/) Ich möchte nun noch näher an mein inneres Leben als Einzelner heran.

Es mag euch jetzt etwas unvermittelt vorkommen, aber es liegt mir schon lange auf der Seele. Ich erlebe da ganz existentielle innere Nöte[8]

- Mein Leben ist **verletzlich**. Ich kann jederzeit plötzlich krank werden, einen Unfall erleiden und verlieren, was ich mir erarbeitet habe. Ich weiß, dass ich sterben muss. Der Tod kann mich aber zu früh aus dem Leben werfen.

- In der Tiefe meiner Seele bin ich sehr **einsam**. Zwar kann ich von meinen Ängsten und von meinem Weltschmerz sprechen und getröstet werden, doch im Tiefsten muss nur ich selbst mein eigenes Fühlen aushalten.

- Ab und zu komme ich an den Punkt, an dem mir mein Leben **sinnlos** vorkommt. Es erscheint mir nicht immer absurd, aber manchmal. Da bin ich ein Rädchen im Getriebe einer Gesellschaft, das scheinbar gut geölt funktioniert. Mein Alltag scheint geregelt und vorhersehbar, wie ein Kreislauf mit geringen Variationen. Obwohl ich

---

8   Die drei existentiellen Nöte des modernen Menschen sind aus Karlfried Graf Dürckheims Buch „Meditieren – wozu und wie" entnommen.

meistens recht ordentlich meine Rollen ausfülle, frage ich mich: ‚Wozu das alles?' Dann bleibe ich innerlich leer und finde keine Antwort.

(8-0> Danke, dass du so schonungslos diese dunklen Punkte mit uns teilst. Du triffst auch bei mir einen Nerv. Du hast ja gar keine direkt auftauchende, konkrete Notsituation geschildert. Du sprichst existentielle Grundbefindlichkeiten des modernen Menschen an, natürlich gefärbt von deiner eigenen Persönlichkeit. Das Besondere an dir ist, dass du in deiner Selbsterkenntnis so weit fortgeschritten bist. Da habe ich viel Respekt vor dir und verstehe dich. Viele andere fühlen ähnlich, aber nicht bewusst, sondern unterschwellig. Sie wehren das ab mit viel Betriebsamkeit im Beruf und in der Freizeit, lenken sich ab durch oberflächliche Unterhaltung und Konsum, schlimmstenfalls mit Rauschmitteln.

(:-/) Du meinst also, dass ich wenigstens ehrlich zu mir selbst bin. Mag sein. Aber was hilft mir das, wenn die Selbsterkenntnis so bitter schmeckt?

~:-o) Sie schmeckt bitter, weil sie ernst ist, also ist sie wichtig! Du musst ja nicht dabei stehen bleiben. Du kannst diese Momente zum Anlass für einen inneren Wandel nehmen.
Betrachten wir also jetzt diese drei Existenznöte jede für sich. Fangen wir mit der **Verletzlichkeit** an. Dahinter lauert die Furcht vor dem Tod. Für den „aufgeklärten" Menschen kommt danach nichts mehr. In der letzten Konsequenz kann sich aber niemand ein ewiges Nichts vorstellen. Deswegen ist der Tod als schwarzes Loch ein solches Tabu.
Nun gibt es seit wenigen Jahrzehnten mehr und mehr Menschen, die der Tür zum ewigen Leben durch das Schlüsselloch geschaut haben. Was sie dabei erlebt haben, hat sie stark verändert. Es sind mehr geworden, seit die moderne Medizin auf den Intensivstationen wirksa-

me und gut begleitete Methoden anwendet, um klinisch Tote nach einem Herzstillstand wiederzubeleben.

Knapp ein Fünftel derer, die auf diese Weise ins Leben zurückkehren, haben dabei tiefe, prägende Erlebnisse. Sie stoßen aber meistens auf Abwehr, wenn sie davon erzählen möchten, denn nach dem derzeitigen wissenschaftlichen Weltbild scheinen sie unmöglich zu sein.

Die erste „Unmöglichkeit" geschieht direkt nach Eintritt des Todes. Während die Patientin daliegt, ohne Atem, ohne Herzschlag, in Ohnmacht gefallen, entweicht ihr Ich-Bewusstsein aus dem Körper. Sie schwebt über dem Geschehen und s i e h t den ÄrztInnen und AssistentInnen bei den Maßnahmen zu ihrer Wiederbelebung zu.

Danach, wenn die Patientin wieder zu sich kommt, kann sie zutreffend Personen beschreiben, die sie nie zuvor gesehen hat und einzelne Beobachtungen wiedergeben, von denen sie eigentlich nichts wissen kann, die aber von den Beteiligten bestätigt werden.

Sterbeforscher, meist Mediziner, haben mit wissenschaftlichen Methoden hunderte von Interviews mit PatientInnen und getrennt davon mit dem beteiligten medizinischen Personal durchgeführt. In allen Fällen haben sie die Übereinstimmung der Aussagen festgestellt.

Andere WissenschaftskollegInnen sind trotzdem nicht bereit, die Ergebnisse zu akzeptieren, denn dann müssten sie zugeben, dass menschlicher Geist unabhängig vom Gehirn aktiv sein kann. Das würde die Grenzen ihres Dogmas überschreiten. Wir brauchen eine neue Aufklärung, die den Geisteswissenschaften einen gleichberechtigten Platz gibt und das einseitig materialistische Weltbild ergänzt!

Das Ich-Bewusstsein durchläuft während des Nahtoderlebnisses mehrere Stationen, die sich in typischer Weise bei vielen Betroffenen ähnln. Sie schweben durch einen Tunnel oder Korridor und kommen in einem lichten, freundlichen und schönen Bereich an. Der erlebende Mensch begegnet einem Lichtwesen, von dem etwa die Frage ausgeht:

,Was bringst du mit?' - aber nicht forschend oder streng, sondern mit freundlich annehmender Liebe.

Es folgt ein Lebens-Rückblick durch die wichtigsten Stationen, die er authentisch erlebt. Das Lichtwesen begleitet die Situationen im Hintergrund. Auch wo der Betroffene sich falsch verhalten hat, verurteilt es ihn nicht. Statt dessen kommentiert es liebevoll: ,Auch daraus hast du gelernt'.

Es sind noch mehr Stationen möglich, die ich empfehle, in Berichten nachzulesen. Am wichtigsten ist, dass solche Zurückgekehrten nach der Wiederbelebung ein so starkes inneres Erleben mitbringen, dass es ihre bisherige Einstellung von Sinn und Aufgabe ihrer Existenz verändert. ,Der Hauptsinn im Leben ist zu lieben und zu lernen' - können sie dann etwa sagen. Die meisten mögen keine Banalitäten mehr, nichts Seichtes, Oberflächliches. Dafür ist ihnen das kostbare Erdenleben zu kurz.

Das kann durchaus schwierig werden und sie von Angehörigen und Freunden entfremden, ja sogar von Ehepartnern, wenn diese bei solchen Entwicklungen nicht mitgehen und auf ihrem bisherigen Bewusstseinsstand verharren.

Eine große Veränderung ist auch, dass diejenigen, die in diesem licht- und liebevollen Grenzbereich einen kurzen Blick hinüber in das Leben in der „Geistigen Welt" geworfen haben, frei von Todesfurcht werden. Sie wissen, was danach kommt. Damit wird auch die gefühlte, existentielle Not der **Verletzlichkeit** abgeschwächt.

Ich erzähle dir davon, Nögg, weil ich finde, dass Menschen mit Nahtoderfahrungen Botschafter sind. Sie erinnern schon allein durch ihre Berichte an die metanoia, den inneren Wandel, der uns auf eine bedeutsamere Stufe der menschlichen Existenz hebt.

(:-o) Von anderen Zugängen zu einem vertieften und erweiterten Bewusstsein berichtet Stanislav Grof in seinem Buch „Die Psychologie des 21. Jahrhunderts."

(8-0> Nun zur existentiellen Not der **Einsamkeit** - da kann ich dich gut verstehen, Nögg. Ich lebe ja allein am Rand eines toskanischen Dorfes in einem Natursteinhäuschen. Im Dorf pflege ich zwar Bekanntschaften mit Einheimischen, doch die bleiben immer in einem gewissen Abstand.

Den ganzen langen Winter verbringe ich allein. Im Sommer besuchen mich Freunde und Verwandte, oder ich reise zu ihnen.

(:-/) Das ist sicher schwierig für dich, besonders im Winter. Wie hältst du das überhaupt aus?

(8-0> Ab und zu telefoniere ich, dann spüre ich die Verbundenheit, die nachwirkt.

Im Alleinsein kann ich am besten durch tägliches und langes Meditieren Sinn erfahren. Du beschreibst die Not deiner Einsamkeit so, dass du im Tiefsten mit deiner Angst und deinem Seelenschmerz allein bist. Im Schweigen der Meditation, in dem auch meine Kopfgedanken still werden, senke ich mich in die Tiefen meines Selbst hinunter.

Vertieftes Atmen hilft mir dabei. Bewusstes Atmen ist eine Geistes-Tätigkeit! Je tiefer sie mich führt, desto bedeutungsloser werden die Befindlichkeiten meines Ego, das sich über alles Mögliche aufregen kann.

Statt dessen steigen aus der Tiefe manchmal Antworten auf meine großen Fragen auf - nach Leben und Sterben, nach Tun und Lassen. Die nehme ich dankbar als Geschenk. Dann weiß ich, dass **mein Selbst gerade im Tiefsten nicht einsam** ist.

Da ist das Licht, die Wärme der Liebe und der Frieden.

Es dürfte klar sein, dass ich solch ein tiefes Erleben nicht durch eine Meditationstechnik erzeugen kann, sondern dass es ein Geschenk und eine Gnade ist. Aber die Geduld bringt Früchte, wenn du frei von Absichten regelmäßig meditierst. Manchem hilft ein Transmutationslehrer und eine Gruppe, die gemeinsam übt. Da entsteht eine

Atmosphäre mit vertiefender Energie. Im Übungsteil nach der fünften Session ist eine Anleitung zum Atmen und zum Meditieren zu finden.

=ß-o) Darin liegt auch schon die Antwort auf die Leere der **Sinnlosigkeit.** In deiner Mitte, in der Tiefe deines innersten Wesens findest du sie.

In der Einmaligkeit deiner Persönlichkeit findest du den Sinn deines Lebens genau dort, wo du jetzt bist und genau in der Situation, in der du dich gerade befindest.

Den Sinn des Lebens gibt es nicht ein für alle Mal und pauschal.

Du bist als einmalige Persönlichkeit in dein ganz eigenes Geschick auf die Erde gekommen, an diesen Ort, in diese Zeit, mit deinen Begabungen. Von Situation zu Situation wirst du zu Entscheidungen herausgefordert. Du bewährst dich eben gerade dort mit deinen Fähigkeiten und sogar mit deinen Defiziten, wo du meinst, ,nur ein gut geöltes Rädchen' zu sein und bleibst dort unverwechselbar. Du gibst dich so, wie du bist.

Viele Menschen, die am Sinn des Lebens zweifeln, erwarten vom Leben, dass es ihre innere Leere füllen möge. Aber es ist umgekehrt! Das Leben erwartet etwas von dir und fordert dich heraus, und du antwortest darauf, bist ver-antwort-lich.

Du entscheidest selbst, ob dein tägliches Leben in einer Tretmühle wie in Alltagstrance verläuft, oder ob du ihm Originalität, Abwechslung und Fülle gibst. Dann „spielst du nicht eine Rolle", sondern du bist ganz du selbst, dann sprichst du und handelst du authentisch.

(:-o) Die Ich-Revolution jeder und jedes Einzelnen strahlt aus und reißt immer mehr ZeitgenossInnen mit, heraus aus der Alltagstrance. Wir feuern uns gegenseitig dazu an. Dann lassen wir uns nicht mehr vom Mainstream manipulieren. Wir streben **andere Ziele** an, nämlich uns zu entwickeln zu wahrem Menschsein.

Das Wachstum des Inneren Menschen und ethisches Handeln hat jetzt Vorrang vor Machtzuwachs und Geldvermehrung. Wirschaft und Technologie bekommen eine ausschließlich dienende Funktion.

Sie werden ganz genau auf das Maß begrenzt, wie sie im Gleichgewicht des natürlichen Werdens und Vergehens bleiben.

Ebenso wird das Gleichgewicht der gerechten Verteilung der Güter hergestellt. Das führt zum Frieden.

Für diese Ziele tut jeder erwachte Mensch, was er kann und lässt bleiben, was er nicht mehr will. Wenn das genügend Viele tun, ändert sich alles.

(:-/) Nach diesen neun Sessions werde ich viel zu bedenken haben und will mich auf neue Erfahrungen einlassen, die ja in den Gesprächen mit euch schon begonnen haben.

Die Gruppe fährt mit der Bergbahn wieder hinunter ins Tal. Onkel Mo erzählt unterwegs eine Geschichte:

Der Mönch und der Dieb

(8-0> Ein Einsiedler-Mönch saß vor seiner Hütte am Berghang und schaute auf einen wunderschönen, großen orangenen Vollmond. Da schlich sich ein Mann in seine Hütte, stahl den Mantel des Einsiedlers und hastete an ihm vorbei. Der Mönch sah ihn und dachte: ‚Wenn ich ihm doch nur diesen schönen Vollmond schenken könnte.‘

Von der Talstation fährt die Gruppe mit dem Bus zurück nach Freiburg und verabschiedet sich dort am Bahnhof. Alle fünf beschließen, in Verbindung zu bleiben und miteinander zu teilen, wie sie den inneren und äußeren Wandel erleben.

(:-o) Als nächsten Schritt richte ich im Internet einen Blog ein unter der Domain **www.freedaysforfuture.net**

Dort sind Kurzfassungen der Sessions zu finden, als Impulse für weitere Interessierte. Diese können dort wie ihr Ideen teilen, was wir angesichts der Krisen bleiben lassen oder an unserer Lebensweise ändern, persönlich oder gemeinsam mit anderen. Möglicherweise finden ja bald tatsächlich ähnliche Sessions statt. Das würde ebenfalls auf dem Blog mitgeteilt. Ich freue mich über jede konstruktive Rückmeldung, über ermutigende oder skeptische Kommentare, auch zu diesem Buch.

Zur Weiterarbeit:

- Desmond Tutu und der Dalai Lama: „Das Buch der Freude".

- Leonardo Boff: Der Heilige Geist. Feuer Gottes – Lebensquell – Vater der Armen.

- Viktor E. Frankl: „Über den Sinn des Lebens."

- Raymond A. Moody: „Leben nach dem Tod – Die Erforschung einer unerklärten Erfahrung."

- Pim van Lommel: „Endloses Bewusstsein" - neue medizinische Fakten zur Nahtoderfahrung".

- Stanislav Grof: „Die Psychologie der Zukunft - Erfahrungen der modernen Bewusstseinsforschung".

Baum des Lebens

Liste der Bilder

Titelbild: „Aufwachen – Umkehren – Aufbrechen"

In Onkel Mo's Garten………………………………………….. 11

Tuschezeichnung, Symbol ohne Titel………………………….. 18

Die Stimme aus dem Feuer…………………………………….. 51

Vier Elemente, nicht im Gleichgewicht……………………….. 69

Jesus sah sie der Reihe nach an…………………….....…… 132

Der Baum des Lebens………………………………………….. 154

- alle gemalt von Delf Krohm. Mehr Bilder auf der www.Bilder-fuer-die-Seele.de

Der Autor

Delf Krohm, geboren 1941 in Berlin,
verdankt dieses Buch
Freundinnen und Freunden,
die ihn inspiriert und sich mit ihm
ausgetauscht haben.
Schon vor fünfzig Jahren
hat er mit Berufsschülern
als evangelischer Religionslehrer
diese Themen diskutiert.
Später wirkte er in säkularen
Gruppen als Umwelt- und
Friedensaktivist und in
gläubigen Gemeinschaften
Erwachsener als Gemeindepfarrer.
Im Ruhestand hat er Malerei studiert.
Jetzt lebt er mit seiner Frau
in Freiburg im Breisgau.

Besonders dankt er
Dr. phil. Nils Adolph,
der mit seinen Ideen und
seinem Scharfsinn
das Buchprojekt von
Anfang an begleitet hat.